미안하지만
스트레스가 아니라
겁이 난 겁니다

미안하지만
스트레스가아니라
겁이 난 겁니다

베아타 코리오트 지음 — 이은미 옮김

SNOWFOX

이 책을 읽는 순간
우리는 두려움과 마주해야 한다

베아타가 제게 『미안하지만 스트레스가 아니라 겁이 난 겁니
다』에 실을 추천의 말을 부탁했을 때 저는 감격했어요. 또 그녀에
게 진심으로 감사했죠. 베아타는 온 마음을 다해 진실하고도 감
동적으로 또 지적으로 굉장히 탁월하게 호흡에 관한 치료 과정
을 담아냈어요. 한마디로 감격할 수밖에 없었죠. 오랫동안 가까
이서 그녀가 나아가는 멋진 길을 볼 수 있게 허락해 줘서 오히려
그녀에게 감사했어요. 제가 수년간 하고 있는 일은 사람들이 조
금 더 만족스러운 삶을 살아갈 수 있도록, 내면의 조화를 이루고
자기 자신에 대한 더 발전된 믿음과 행복을 찾게 도와주는 거예
요. 그것이 지금껏 제게 부여된 역할이죠.
　제일 처음 저는 로테르담에 있는 댄스 아카데미에 다녔어요.
그때만 해도 마사 그레이엄의 춤이 제 인생에 얼마나 큰 영향을

미칠지 전혀 몰랐어요. 이 춤은 움직임 하나하나가 호흡과 연관되어 있어요. 그것도 아주 강하게요. 들숨에 몸을 뻗고 날숨에 움직임이 이뤄지죠. 마치 상징적으로 들숨은 모든 힘을 끌어모아 세상에 우리를 드러내 보이는 것을, 날숨은 아주 자연스럽게 삶이 흘러가도록 우리를 비롯한 모든 감정이 표현되도록 놔두는 것을 보여 주는 것 같아요.

유기적으로 연결된 호흡을 제가 처음으로 경험한 때는 1978년이에요. 저는 아주 벅차 했었죠. 아카데미에서 배운 내용을 한 순간에 훨씬 더 깊게 이해하게 된 거예요. 그것만이 아니에요. 제 삶이 지금과는 다른 방향으로 흘러가야 한다는 사실을 깨달았어요. 그리고 그게 바로 저 자신에게로 나아가는 길임을 알게 되었죠.

수년간 배우기도 하고 가르치기도 하면서 아주 경이로운 일들이 함께 일하는 사람들에게 일어나는 걸 저는 매번 본답니다. 그들은 호흡을 통해 오랫동안 알지 못했던 그들만의 힘을 되찾아요. 아주 오래전부터 곪고 곪았던 문제들이 해결되죠. 더는 두려움을 억누르지 않아요. 모든 감정을 있는 그대로 표출하고 에너지든 고통이든 있는 그대로 받아들여요. 모든 게 훨씬 더 쉬워지고 자유로워지죠. 자기 자신에 대한 사랑과 신뢰 역시 커집니다. 삶 그 자체에 감격하죠.

이 감격스러움을 베아타는 그저 단순히 줄줄 풀어 나가지 않아요. 다른 이들도 이를 경험하고 공감할 수 있도록 해요. 사실 호흡과 관련된 활동들은 영성과 관련된 여러 아카데미나 종교, 명상, 요가 등에서도 찾아볼 수 있어요. 베아타는 그 근원이 어디인지를 알고 있어요. 현대 치료법들도 잘 알고 있죠. 그리고 요즘 시대에 맞게 아주 신선하게 활용해요. 그녀는 내면으로의 여행에 우리를 데리고 갑니다. 그녀의 표현처럼 겁쟁이들은 함께할 수 없어요. 그녀는 우리가 스트레스에 관해 전혀 다른 관점을 갖도록 만들며 "스트레스는 나에게 위협일까 아님 도전일까?"라는 질문에 답을 찾게 할 거예요.

이 내면으로의 여행을 베아타는 최적의 논리를 바탕으로 학문적으로 잘 풀어내고 있어요. 이 책에서 진정으로 깊은 평온은 전혀 다른 의미가 되죠. 즉 긴장된 삶 속에서 내적으로 잠시 멈추고 자기 자신 안으로 깊이 들어간 다음 스트레스가 아닌 나른 곳으로 통하는 문을 여는 것이 바로 깊은 이완이예요.

이제 두려움과 마주할 준비가 되었나요? 좋든 나쁘든 우리 안에 일어나는 모든 감정을 두려워하지 않고 전적으로 받아들일 수 있나요? 최상의 나를 찾을 준비가 되었나요? 우리 스스로 행복의 근원이 될 기회를 잡을 건가요?

베아타는 우리에게 선택의 여지를 거의 주지 않죠. 그녀의 말과 이야기는 굉장히 다채롭고 매우 매혹적이에요. 책이지만 직접 경험하듯 생생해요. 우리의 의식이 성장하는 방향으로, 우리가 그녀와 같이 한 발짝 한 발짝 걸어갈 수 있게 이끌어 줘요. 동시에 우리 자신을 더는 내면의 모든 두려움과 비난의 목소리에 맞추지 못하게 만들죠. 그렇게 할 수 없도록 그녀는 우리를 이끌어 줘요. 이렇게 우리는 지금 그리고 여기에 완전히 빠져들고 말 거예요. 진정한 삶 안으로 뛰어들 용기를 얻게 될 테니까요.

베아타는 한 장 한 장 많은 영감을 주고 새로운 세상을 경험하도록 돕고 있어요. 그리고 진정한 치료제는 호흡이라는 사실을 경험하게 해 주죠. 그녀는 이제 말 그대로 사회적 존재가 되어 갈 수 있게 우리를 도와줄 거예요. 또 진정한 삶의 기쁨이 무엇인지, 느끼는 게 무엇인지도 가르쳐 줄 거예요. 요즘 같은 세상에 이런 일은 정말이지, 보물과도 같지 않나요?

내면의 자유는 지극히 평범하며 그 기쁨은 누구든 누릴 수 있어요. 이제 당신의 가슴으로 노래 불러도 좋아요!

진정한 나의 동료에게 존경과 감사를 표하며,

틸케 플라텔-도이어
(전인적 호흡 치료 센터 대표 & 세계 전문 호흡 치료 연합회 이사)

내 삶의 모든 시끄러운 것을 던져 버리고
조용히 지내는 법

보행자 전용구역, 사우스 비치, 1995. 세상은 나를 마이애미 길거리에 버렸고 내 심장은 얼어붙어 있었다. 나는 도시 안을 정처 없이 걸어 다녔다. 그러다 우연히 고개를 들었는데 저 멀리 책방 선반 위에 섬광처럼 반짝이는 책 한 권이 눈에 들어왔다. 그건 내 느낌이었고 책은 금빛이나 은빛이 아닌 그저 평범한 노란색이었다. 무언가에 끌린 듯 정신없이 가게 안으로 들어가 그 책에 손을 뻗었다.

You Get So Alone At Times That It Just Makes Sense /
Charles Bukowski

젠장! 맞아! 나에게 꼭 들어맞는 말이었다. 나는 얼마 전 동생을 잃었다. 그 아이는 스스로 목숨을 끊었다. 내 몸의 한 부분이 뚝 하고 떨어져 나간 것만 같았다. 나는 동생을 따라가고 싶었다. 하지만 주사위는 던져졌다. 동생은 죽었고 내 부모님을 하나 남은 자식마저 잃은 사람으로 만들고 싶지 않았다. 나는 살기로 했다. 부모님을 위해서.

죽음조차 두렵지 않다면 더는 잃을 게 없다. 동생이 세상을 떠난 지 2주일 후 나는 학교로 돌아갔다. 학교 건물은 한때 열렬한 사랑을 고백했던 옛 애인처럼 보였다. 우리의 사이는 끝났다. 그 순간 나는 지금부터 내가 하고 싶지 않은 일은 절대로 하지 않겠노라 결심했다.

내게 주어진 삶의 시간이 너무나 짧게 느껴졌다. 앞으로의 내 삶이 어떻게 흘러갈지 전혀 알 수 없었다. 나는 내 마음의 나침판을 따라나설 준비가 되었음을 느낄 수 있었다. 나는 학교를 그만뒀다. 삶에 생기를 불어넣고 그 한계들을 헤아렸다. 미국 곳곳의 여러 사막을 돌아다니며 밤낮 할 것 없이 내내 춤을 췄다. 최대 속력으로 차를 몰아 어느 성벽 앞에 다다라서는 까만 총을 꺼내 백운석 덩어리들에 탄알을 날렸다. 나는 세상에 대해 하나도 아는 게 없었다. 삶조차도 전혀 몰랐다. 모든게 칠흑 같은 암흑이었다. 그때 부코스키의 책 속에서 속삭임이 들려왔다.

"괜찮아, 꼬맹이, 괜찮아. 너는 혼자가 아니야. 내가 널 알잖니. 고독에도 그만한 의미가 있단다."

1년 뒤, 산타 모니카의 대로변. 에어컨 하나 없는 방 안. 나는 잠옷 바람으로 매트리스 위에 누워 있었다. 요가를 하고 호흡을 하며 땀을 흘렸다. 밖으로 나올 때마다 하늘을 나는 기분이었다. 나는 내가 이것을 평생 하리란 걸 느낄 수 있었다. 몸을 움직이는 것, 그것 때문만은 아니었다. 나를 깊은 잠에서 깨운 건 무엇보다 호흡이었다. 수년간 마비되어 있던 내 몸 안으로 피가 다시 도는 느낌이었다. 이전까지는 이런 메커니즘을 이해하지 못했다. 하지만 호흡은 나를 집으로 돌아가게 했다. 그리고 살아 있는 고요가 무엇인지 알게 되었다. 내 머릿속은 긴장 완화에 대한 생각으로 가득했다. 그걸 이해하고 내 것으로 만들고 싶었다.

내 삶의 모든 시끄러운 것들을 던져 버리고 조용히 지내는 법을 수도원에서 배워 나갔다. 요가와 호흡 그리고 명상을 하는 데 대부분의 시간을 보냈다. 이때 요가 지도자, 호흡 치료사 그리고 전문 자각 교육자 (Awareness Trainer)가 되는 데 필요한 근본적인 것들을 갖추게 되었다.

지금 그리고 여기, 나는 100퍼센트 경험을 바탕으로 한 책을 두 손에 들고 있다. 나 혼자만의 경험뿐 아니라 지난 20년간 함께 작업하며 내게 가르침을 준 수많은 이의 깨달음들도 담고 있다. 다양한 분야의 사람들과 나눈 이야기와 연구자들과의 대화를 담았다. 프로 운동선수나 치안 전문가처럼 가늠하기 힘든 엄청난 압박에도 불구하고 자신의 역할을 훌륭하게 해내야만 했던 사람들도 만나 봤다. 입안이나 목 뒤로 총구의 싸늘함을 느껴 봤던 사람들, 국민이 위험에 처했을 때 출동해 테러리스트의 공격을 막아 내야만 하는 사람들, 나에게 감동을 안겨 줬던 사람들의 이야기다. 나는 그들과 사실이면서도 놀라운 이야기들을 나눴고 이제 그 이야기들을 당신과 나누고자 한다. 그들이 온몸으로 경험하고 탐구했던 것들이 우리의 삶을 이제 정말로 바꿔 줄 것이다.

이 이야기들로 나는 두 가지를 이루길 바라고 있다. 첫 번째는 당신이 케케묵은 낡은 상자 속에서 벗어나 새롭게 생각하고 경험하도록 영감을 받기를 바란다. 두 번째는 당신이 시간이 지남에 따라 점차 사랑하게 된 무언가를 지워 버리기를 바란다. 바로 스트레스에 대한 당신의 생각이다. 지금까지의 모든 생각을 확뒤엎을 만한 완전히 새로운 시각들을 이 책을 통해 만나 보길 바란다. 그렇게 된다면 스트레스를 끝내 날려 버리게 될 것임을 알기에! 물론 아주 용감한 사람들에 한해서다. 단순히 암호명 스트레스를 더는 입 밖으로 꺼내지 않는다고 해서 가능한 건 아니다. 우리가 진정으로 지각할 때라야 가능해진다. 그건 바로 두려움! 스트레스라고 부르지만 실상은 두려움을 뜻하는 것을 말이다. 그리고 우리는 이런 두려움을 잘 다루게 될 것이다.

세상을 잠시 멈추고 숨을 쉬어 보자. 그리고 그 여정을 떠날 채비를 하자.

|2장| **사고 영역**

|3장| **정서 영역**

|4장| **신체 영역**

|5장| 세상을 잠시 멈추고 숨을 쉬어 봐

1장

세상에서
가장
용감한 일

미안하지만 스트레스가 아니라

되돌아보면 막상 스트레스가 되었던 사건은 우리에게 많은 깨달음을 줬다. 어떤 이는 사랑하는 사람과 가슴 아픈 이별을 하고 그래서 죽도록 아팠다가도 얼마의 시간이 지나 아픔이 무뎌질 때쯤이 되니 이렇게 말하기도 했다.

"아… 이제 좀 나아진 것 같아. 다행이야, 그 지독한 아픔이 모두 지나갔으니 말이야. 이제는 새롭게 다시 살 수 있을 것 같아."

사실 힘든 경험들은 우리를 성장시키고 제정신이 번쩍 들게 한다. 지극히 인간적인 수렁에 빠졌을 때나 두려움들을 겪고 난 다음에 우리는 더 자유롭고 더 행복한 삶의 방법을 깨닫곤 한다. 당시에는 도저히 감당할 수 없을 것 같던 일들이 지금의 나로 성장시킨다. 우리는 누구나 시련과 어려움으로부터 더 성장했고 어떤 깨달음을 얻었으며 같은 실수를 범하지 않을 경우의 수를 갖게 되었다.

지금부터 이 책은 우리가 무작정 나쁜 것으로만 인식해 온 스트레스의 민낯을 들여다보고자 한다. 스트레스라는 것의 실체 말이다. 어쩌면 스트레스를 한 단계 성장시키는 자기 도전의 시간이 될는지도 모른다.

스트레스 자체를 왜곡하거나 합리화하자는 게 아니다. 이 책은 최신 연구와 사례들로 앞으로도 수없이 발생될 매일과 일생의 스트레스를 어떻게 운영할 것인가에 대한 획기적인 사고 전환을 선사할 것이다. 당신이 직면한 스트레스에 질문들을 던지고 작든 크든 당신이 가진 두려움들을 떨쳐 버리도록 할 것이다. 그로부터 말도 안 될 정도로 친절한 공감들, 깊을 대로 깊어진 신뢰감 그리고 진정한 삶의 기쁨. 이미 굳혀져 있던 사고에서 벗어나 새로운 관점을 갖게 할 것이다.

이러한 내면의 변화 과정을 우리는 이렇게 부른다.

Mind-Shift

마인드 쉬프트(Mind-Shift)는 관점 변화로 자신과 자신이 경험하는 일들 사이에 어느 정도 거리를 둘 수 있도록 돕는다. 어떤 때는 종이 한 장 정도의 차이밖에 안 될 테지만 새로운 경험을 하

미안하지만 스트레스가 아니라

는 데는 충분하다. 새의 눈으로 바라보는 세상과 지렁이의 눈으로 바라보는 세상은 완전히 다르다는 것을 짐작해 볼 수는 있지 않은가! 바로 이렇게 온전히 다른 관점으로 세상을 바라보게 될 것이다.

몸과 마음에 두려움이 일어나면 우리는 스트레스를 경험한다. 두려움이 많은 사람일수록 스트레스에 특히 심하게 반응한다. 반면 두려움이 적은 사람은 보다 자유롭다. 두려움을 없앤 사람은 삶에서 경험하는 스트레스도 느끼지 못한다.

두려움을 없앤다는 게 불가능할 것만 같지만 사실 우리가 아직 두려움의 출구를 찾지 못했을 뿐이다. 누구나 아는 두려움은 지극히 인간적이다. 아이러니하게도 당신 자신과 삶에 대한 믿음은 두려움과 함께 커지기도 한다. 그렇게 당신은 두려움을 느낄 때 비로소 자유로워질 수도 있을 것이다.

이러한 과정들을 거쳐야 완전히 새로운 사고가 가능해진다. 당신이 사랑하는 것들을 더 많이 행복하게 하고 지금의 당신 자신보다 더한 진짜가 된다. 더 넓어진 이해심과 함께 더 솔직해지며 자신에게 영감을 불어넣고 나아갈 방향을 제시하는 그 어떤 힘과 더더욱 하나가 되어 갈 것이다. 이러한 흐름과 하나가 되면 당신의 자아는 단단해진다. 이게 바로 진정한 평온 상태다.

스트레스 연구가 요즘처럼 주목받은 때는 없었다. 사람들이 이토록 많은 스트레스를 받았던 때가 지금껏 없었기 때문이다.

같은 상황에 놓여도 왜 어떤 사람은 스트레스로 받아들이고 어떤 사람은 황홀하거나 흥미롭게 느낄까? 무슨 이유로 어떤 사람은 아프고 어떤 사람은 더 건강해질까? 스트레스는 정말 불가사의해서 그 속을 들여다보려면 수많은 양파껍질을 벗겨 내야만 한다.

다음 질문이 그 첫 번째 껍질이다.

[**Mind-Shift 1**]
스트레스가 당신의 건강을 해친다고 생각하는가?

가능한 대답은 두 가지다. 예 아니면 아니오. 당신의 대답은 어느 쪽으로 더 기우는가?

위의 질문에 그렇다고 대답하는 사람은 당신뿐이 아니다. 지금은 모두 그렇게 생각한다. 모두가 스트레스의 의미를 알며 스트레스를 많이 받지 않으려고 주의한다. 하지만 이제 아주 당연하게 받아들여지는 이 현상을 한 번쯤 완전히 다르게 생각해 보자.

미안하지만 스트레스가 아니라

스트레스는 나쁘지 않다.
스트레스 반응 그 자체는 해롭지 않다.
스트레스가 우리에게 해를 입힐 거라는 생각,
바로 그러한 판단이 해롭다.

어떤가? 물론 상상하기 힘들 것이다. 지금껏 스트레스가 나쁘
다는 생각이 뇌 곳곳에 새겨져 있을 테니까. 하나 놀라운 사실은
우리가 스트레스를 다르게 바라보기 시작하는 것만으로도 예전
보다 강한 정신을 가질 수 있다는 점이다.

스트레스에 대해 우리는 여전히 많은 것을 모른다. 나의 경우
안다고 생각한 것의 대부분이 완전히 틀린 사실이었다. 최근 연
구들은 스트레스는 해롭지 않다는 관점을 갖는 것이 중요하다고
말하고 있다. 우리에게 직접적으로 해를 끼치는 것은 스트레스
자체가 아니라 스트레스는 해롭다, 라는 생각이라고 말이다.

스트레스에 대한 새로운 생각을 정립하면 우리 반응도 달라
진다. 몇 분 동안의 개입만으로 스트레스로 가득한 삶을 장기적
으로 변화시킨 연구 사례도 충분하다. 하지만 지금으로서는 말
도 안 되는 소리 같다, 그렇지 않은가? 스트레스가 전혀 해롭지
않을 수 있을까? 힘겨운 삶을 살아가는 사람도 더 건강하게, 더
굳건하게 사는 게 가능할까? (사실 신체의 자연법칙은 직접 겪어 보
지 않는 한 믿기 힘들다.)

우리는 자동 반사적으로 나타나는 스트레스 반응을 그저 억눌러 버리거나 터트려 버린다. 하지만 스위치나 손잡이를 사용하는 것처럼 스트레스도 정신적으로 켜고 끌 수 있다. 심지어 나를 한층 더 단련시키는 연습 과제가 도착한 것으로 기쁘게 받아들이는 것까지 가능하다.

이 사실들을 나는 당신과 파고들어 보려고 한다. 힘들고 어려운 일들, 그 자체만으로도 쉽지 않은 삶을 '스트레스는 나빠'라는 관점이 더 힘겹게 만들고 있지는 않은가를 말이다.

스카이다이빙을 할 때 우리 몸에 발생하는 현상

스트레스 연구가인 켈리 맥고니걸은 스트레스의 정의를 '우리에게 중요한 뭔가가 위험에 처할 때 경험하게 되는 것'[1]이라고 했다. 100퍼센트 맞는 말이다. 무언가가 위험에 빠졌다고 생각만 해도 우리는 스트레스를 경험한다. 사실 여부는 중요하지 않다. 그저 믿고 있는 생각에 대한 즉각적인 반응이다. 독일의 신경학자이자 명상 연구가인 브리타 휠첼(Britta Holzel)은 "스트레스는 개인이 가진 자원이 충분하지 않을 때의 감정이다"라고 표현했다. 이 표현에 따르면 스트레스는 어떤 자극에 대한 심리적 혹은 신체적 반응이다. 동시에 그로부터 유발된 괴로움과 고통을 의미한다. 따지고 보면 스트레스는 삶과 관련된 모든 것에 해당한다.

스트레스가 오래되면 건강을 해친다고 사람들은 줄곧 믿어 왔다. 맞는 말이지만 몇몇 경우에 한해서다. 요즘에는 이런 믿음과 정반대의 결론을 도출해 내는 연구가 점점 많아지고 있다. 신체에 미치는 스트레스의 영향은 세포를 새롭게 만들어 내고 주요 단백질들을 생성시키며 면역 체계를 강화한다는 것이다. 인간 내면에 미치는 스트레스 경험은 앞으로의 삶에 정신적으로 더 나은 방어 능력을 갖추게 하고 더 끈끈한 인간관계를 맺고자 하는 데 있어 중요하고도 긍정적인 효과를 가진다는 것이다.[2]

스트레스는 혈관을 수축시키고 이로 인해 여러 혈관 질환이 발병한다고 우리는 믿어 왔다. 하지만 최근 연구들에 따르면 이런 현상은 스트레스가 해롭다고 믿는 사람들에게만 나타났다. 스트레스는 이롭고 힘든 상황에서 오히려 힘을 준다고 확신하면 혈관은 계속해서 잘 뚫린 상태를 유지한다는 것이 여러 실험을 통해 입증되고 있다. 심장은 계속해서 벌렁벌렁하지만 우리가 기쁨·호기심·용기 등으로 가득할 때와 똑같은 호르몬이 분출

되는 것이다.

스카이다이빙을 예로 들면, 극한 운동을 좋아하는 사람과 그렇지 않은 사람 모두 높은 곳에 섰을 때 아드레날린과 코르티솔(급성 스트레스에 반응해 분비되는 물질로 스트레스에 대항하는 신체에 필요한 에너지를 공급해 주는 역할을 한다)이 발생한다. 이런 현상이 스트레스로 인한 것인지 아니면 극도로 행복한 상태여서 발생된 것인지는 오로지 개인의 판단에 달려 있다.

뇌하수체는 '사랑의 호르몬'으로 잘 알려진 옥시토신을 내보낸다. 옥시토신은 다른 사람에게 더 가까이 다가가고 끌어안고 싶게 만든다. 그렇게 우리 심장은 옥시토신에 대한 수용체를 다시금 갖게 되고 심장 세포의 회복 및 재생을 돕는다. 바로 이때 스트레스 반응은 긴장 이완에 직접적인 영향을 미치고 심장도 강하게 만든다.

긍정의 의미 한 조각

우리 모두에게는 살면서 굳혀진 스트레스에 대한 관점이 있

다. 이런 관점들은 무의식적으로 우리에게 영향을 미친다. 건강과 심리 상태에도 엄청난 영향을 준다.[3]

당신은 지금까지 스트레스에 대해 부정적인 관점을 갖고 있었을 것이다. 설령 스트레스의 긍정적인 측면을 한두 가지쯤은 인정하더라도 말이다. 지금껏 우리를 둘러싸고 있던 생각—'스트레스는 좋지 않아'—이 지나칠 만큼 널리 퍼져 있었으니 어찌 보면 당연하다.

하지만 생각해 보자. 스트레스에 대한 부정적인 이미지가 강할수록 스트레스를 받지 않으려고 더 많이 노력할 것이다. 어쩌다 받은 스트레스를 날려 버리려는 생각에 술을 마시거나 다른 무언가를 할 것이다. 스트레스를 줄 수 있는 사람이나 장소 혹은 상황을 피하려고 궁리를 해야 할 것이다. 이와 달리 스트레스의 긍정적인 측면을 믿는다면 힘들거나 갈등 상황을 오히려 더 잘 받아들일 수 있다. 미리 바람직한 전략을 세우고 누군가의 도움이나 조언을 구하려고 할 것이다.

스트레스에 대해 부정적인 이미지가 강한 사람과 긍정적인 측면을 믿는 사람 중 누가 스트레스라는 상황을 더 잘 극복할까? 후자가 능동적으로 앞서 나가 상황을 바꾸거나 극복할 가능성이 더 크지 않겠는가? 맞닥뜨린 상황에서 최선을 다하려고 노력하고 그 안에서 성장할 기회를 갖기 위해 정신을 가다듬지 않겠는가?

그렇다. 스트레스를 긍정적인 신호로 인지하면 나름의 의미를 찾게 된다. 이러한 의미를 발견하는 것은 스트레스의 부정적인 측면에 집중되던 사고 틀을 긍정적으로 전환시키는 데 있어 매우 중요하고 유용하다. 스트레스 상황에서도 가능한 모든 긍정적 측면을 찾아내고 이를 발전의 기회라고 인식하는 것은 아주 많은 이점을 낳는다. 말도 안 되는 미친 상황에서조차 긍정적인 의미 한 조각을 찾을 수 있다면 그 상황에 대한 막무가내식의 거부감 그리고 두려움이 줄어든다. 심지어 하나의 도전으로 받아들이는 것도 가능하다. 합당하고 타당한 이유를 찾아보자. 반드시 있다!

〔 **Mind-Shift 2** 〕

현재 당신의 가장 큰 스트레스는 무엇인가?
힘든 상황에서 다음의 질문들이 도움 될 것이다.

• 너무 힘든 상황에서 긍정적인 측면을 찾는다면 그것은 무엇인가?
• 지금 무엇을 배우고 있는가?

미안하지만 스트레스가 아니라

단 3분의 개입

스탠퍼드 대학 심리학자 앨리아 크럼(Alia Crum)은 84명의 객실 청소 담당자를 대상으로 사고방식이 얼마나 통렬하게, 쉽게 그리고 곧장 바뀔 수 있는가를 실험을 통해 증명했다.[4]

사람들은 흔히 호텔 객실을 청소하는 일을 매우 고단한 일로 여긴다. 매일 서 있어야 하고 힘을 써야 하니 노동력이 수반되는 직업이다. 앨리아 크럼 박사는 먼저 그들을 두 그룹으로 나눈 다음 몸무게, 혈압, 지방, 직업 만족도를 조사했다. 그리고 한 그룹에는 최대 15분을 소요해 그들의 일이 얼마나 중요하고 멋진 일인지를 설명했다. 다른 한 그룹에는 어떠한 개입도 하지 않았다.

연구팀이 15분 동안 피실험자들에게 들려준 건 스트레스는 당신에게 좋은 것이라는 개념뿐이었다. 그리고 그 이유를 설명해 준 게 전부였다. 앞서 스트레스의 긍정적인 측면을 설명한 것과 같은 맥락이었다. 피실험자들은 지금까지와 똑같은 일상을 보냈지만 일상에서 받던 스트레스의 개념을 다르게 인식했을 뿐이었다.

4주 후 결과는 놀라웠다. 교육을 받은 그룹에 속한 사람들의 혈압이 거의 대부분 좋아졌고 체중은 줄었으며 몸의 지방 정도는 감소했다. 그들은 이전보다 더 자기 일을 좋아하고 있었다. 15분의 교육으로 이만큼의 변화가 생긴 것이다.

연구팀은 이 실험이 스트레스에 대한 우리 사고방식에도 적용 가능한지 살펴보기 위해 실험을 계속하기로 했다. 앨리아 크럼, 피터 샐로베이 그리고 숀 어쿼는 단 몇 분의 개입으로 300명의 직원이 갖고 있던 스트레스에 대한 사고방식을 변화시켰다.[5]

2008년 경제 위기가 닥치면서 직원의 10퍼센트를 해고해야 하는 상황에 몰린 회사가 있었다. 직원들은 이미 과로한 상태였고 해고의 위험 때문에 극도의 스트레스에 시달리고 있었다. 연구팀은 직원이 모두 모인 장소에서 단 3분 남짓의 비디오를 시청하게 했다. 다만 절반의 직원에게는 스트레스가 왜 긍정적인가를 설명하는 비디오를, 다른 절반에게는 스트레스가 왜 몸과 정신에 해로운가를 설명하는 비디오를 시청하게 했다. 두 개의 영상이 담고 있는 내용은 모두 옳았다. 단지 스트레스에 대한 이미지를 구분지어 놓았을 뿐이다.

실험 결과는 몇 번이고 눈을 비비게 만들 정도로 놀라웠다. 스트레스에 관한 긍정적인 비디오를 본 사람들은 그들을 대상으로 이후 연구가 진행되는 동안 덜 아팠고 덜 경직되었으며 잠을 더 잘 잤을 뿐 아니라 다른 그룹보다 더 향상된 생산성과 집중력을 보였다. 단 3분의 개입을 통해서 말이다!

스트레스에 관한 다양한 측면을 무시하자는 의미는 아니다. 다만 조금 더 유익한 사고방식으로 우리 생활 전체에 만연한 스트레스를 유연하고 긍정적으로 다루는 연습을 할 수 있을 것이다. 1998년에 미국에서 진행된 연구[6]를 살펴보자. 총 3만 명에게 다음의 질문이 던져졌다.

"지난 12개월 동안 스트레스를 많이, 보통 혹은 적게 받으셨습니까? 스트레스가 건강을 해친다고 생각하십니까?"

연구팀은 이 질문에 대한 대답을 근거로 사망률의 상관관계를 조사했다. 18년간의 추적 연구 결과, 스트레스를 많이 받은 사람의 조기 사망률은 그렇지 않은 사람보다 43퍼센트 더 높게 나타났다. 하지만 분명히 해 둘 게 있다. 이 경우는 스트레스가 건강에 부정적인 영향을 준다고 믿던 그룹의 사망률이었다. 오히려 스트레스가 아무리 많아도 그것이 직접적으로 건강을 해친다고 생각하지 않았던 사람들은 가장 낮은 사망률을 보였다. 이들의 수치는 스트레스를 적게 받는 사람들보다도 더 낮았다.

　이 분석 결과를 바탕으로 연구팀이 내린 예측이 맞는다면 해당 연구 기간에만 2만 231명의 미국인이 '스트레스는 나쁘다!'라는 생각으로 살아갔기에 조기 사망한 게 된다. 내적 태도와 믿음이 우리 삶과 죽음에 이토록 중대한 영향을 미치는 걸까? 도대체 이러한 사고방식들은 어떻게 형성되는 걸까?

기쁨인가, 공포인가?

　당신이 스키를 타고 있다고 상상해 보자. 아래로 깊은, 얼음판 내리막길이 보인다. 다른 길은 없다. 오직 아래 보이는 저 길로 내려갈 수밖에 없다. 당신의 스키 실력과는 무관하게 이 상황은 당신을 꽤 흥분시킬 것이다. 노련한 스키 실력을 갖고 있다면 이 상황을 컨트롤할 수 있다고 믿기에 즐거운 도전으로 여겨질 것이다. 초보자라면 자기 실력 이상의 행운이 필요한 상황이라 공포를 경험할 것이다.

　흥미로운 것은 우리 몸이 이런 내적 판단에 반응한다는 점이다. 도전으로 받아들이고 즐거워하는 사람의 심장은 더 향상된 능력을 발휘하고 혈관은 넓어진 채로 유지된다. 그리고 최상의 실력을 발휘할 태세를 갖추게 된다.

반대의 경우는 어떨까? 몸은 이미 실패를 준비해 버린다. 혈관은 수축하고 몸은 만일의 상처를 대비해 염증성 물질을 생산한다. 사실 아직 아무 일도 일어나지 않았다. 그저 여기 이곳에 서서 산비탈을 내려다볼 뿐이다. 상황이 극적으로 변해 안전하게 산비탈을 내려올 수도 있다. 그럼에도 몸은 이미 내적 생각만으로도 변화를 일으키는 것이다.

이미 눈치챘겠지만 상황에 대한 우리 태도가 당신이 어떻게 느끼고 몸이 어떻게 반응할지를 결정짓는다. 태도는 당신 스스로 변화시킬 수 있다.

질문은 이렇다.

[**Mind-Shift 3**]

새롭거나 복잡하거나 어려운 상황들을 도전이라 여기는가, 아니면 위협으로 받아들이는가?

당신의 관점은 둘 중 어느 쪽인가?

내면의 당신을 느껴 보자.

무엇보다 힘든 상황에 직면한 당신의 무의식적 사고방식에 달려 있다.

스트레스에 대한 서로 다른 반응들을 의식적으로 어떻게 바꿀 수 있는지를 지금부터 좀 더 자세하게 알아보자.

우리가 할 수 있는 것

제레미 재미슨(Jeremy Jamieson) 연구팀은 피실험자들을 세 그룹으로 나눴다. 한 그룹은 스트레스 검사[TSST(Trier Social Stress Test), 학술적으로 잘 알려진 검사로 스트레스 호르몬 수치를 거의 정확하게 진단한다]로 연구팀은 스트레스가 몸에 이로운 이유와 더불어 어떻게 집중력을 높여 주고 실력을 향상시키는지를 설명했다.

"이제 피는 뇌로 흘러 들어가게 되고 당신은 충분한 에너지를 활용할 수 있게 되지요. 이런 현상은 당신을 최상의 상태로 만들어 줍니다. 흥분은 능력을 최대치로 높이는 주된 도구지요. 심장이 두근거리거나 손에 땀이 나는 것 혹은 호흡이 불안정해지는

건 좋은 거예요. 무조건 도움이 되는 거죠.'[7]

피실험자들에게 들려준 내용은 모두 사실이었다. 스트레스의 긍정 측면의 특성으로 손꼽히는 것들이었다. 그다음 제레미 박사는 두 번째 그룹에 플라세보 효과를 주는 방식으로 실험 전에 개입했다. 이렇게 말이다.

"스트레스 증상들은 그냥 무시해 버리세요. 스트레스를 극복하는 데 가장 좋은 방법이거든요."

그리고 세 번째 그룹에는 실험 전에 아무런 개입도 하지 않기로 했다.

스트레스 실험에 참여한 피실험자들은 짧은 프레젠테이션 후 수학 문제를 말로만 풀어야 했다. 전문가로 보이는 사람들은 흰색 가운을 입고 피실험자들 앞에 앉아 지루한 듯 시계를 들여다보고 있었다. 그들은 웃지도 고개를 끄덕이지도 않았다. 오히려 고개를 절레절레 흔들며 무언가 적은 메모를 찍찍 그어 버리고 있었다. 삐죽거리는 입에 맞춰 불만스러운 듯 눈을 이리저리 굴려 댔다. 때로 그들은 피실험자들이 수학 문제를 푸는 동안 말을 끊으며 지금 얼마나 못하고 있는지 지적까지 했다.

"미안하지만 당신의 해설에는 정말 할 말이 없군요!"

이어지는 수학 테스트 또한 다를 바 없었다. 피실험자들이 문제를 아무리 빨리 풀어도 전문가들이 보기에는 모두가 너무 느렸다. 문제를 더 빨리 풀라는 말만 반복되고 있다. 피실험자들의 실력이 좋을수록 문제는 더 어려워졌고 오류를 범하기라도 하면 처음부터 다시 시삭해야 했다. 테스트 후 어떤 피실험자들의 코르티솔은 400퍼센트나 상승하기도 했다.

제레미 재미슨 연구팀은 이 검사를 스트레스에 관한 관점의 개입을 위해 활용하기로 했다. 연구팀은 맥주 한 잔으로 모든 것을 잊어버리거나 저 멀리 도망갈 기회조차 없을 때 우리에게 도움을 줄 수 있는 게 무엇인지 궁금했다. 스트레스를 받을 일은 살면서 셀 수 없이 많이 일어난다. 날씨를 어떻게 하지 못하는 것처럼 어떤 일이 발생해도 우리가 전혀 손 쓸 수 없는 경우가 허다하지 않은가!

제레미 박사는 이때 우리가 할 수 있는 게 무엇인지에 대해 의문이 생겼다. 상황은 전혀 변화시키지 않고 관점의 변화만으로 스트레스에 대한 반응을 바꾸는 게 가능한지 알아보기로 한 것이다. 위협이라고 느껴지던 상황을 도전으로 받아들일 수 있도록 변화시키는 일이 과연 가능하기는 한 것인지 테스트를 이어가기로 한 것이다.

박사는 이 실험을 통해 스트레스가 반드시 해로운 것만은 아니란 사실 그리고 사람들이 굉장한 스트레스를 받아도 직면한 상황을 본인에게 유리하게 관점을 전환하기만 하면 아주 많은 일을 할 수 있다는 결과를 얻을 수 있었다.

첫 번째 그룹의 피실험자들은 현재 일어나는 스트레스로 인

미안하지만 스트레스가 아니라

한 신체 반응을 긍정적으로 평가해 관점을 정비했다. 그들은 연구팀을 신뢰했고 스트레스 상황에서 나타난 신체 증상들을 긍정적이며 유익하다고 판단했다. 그 결과 정말로 완전히 다른 관점을 가지게 되었고 실력 또한 향상되었다. 게다가 신체적 반응들은 오히려 건강에 더 긍정적인 효과를 발휘했다. 이런 관점으로 삶 전체를 살게 된다면 결국엔 더 나은 방어 능력을 갖추고 더 행복해진다는 사실을 그들은 충분히 짐작할 수 있었다. 계속된 실험 결과, 첫 번째 그룹의 피실험자들이 검사 직후 더 빨리 긴장을 이완시키고 평온을 되찾는 게 가능하다는 점이 입증되었다. 이들은 다른 두 그룹의 피실험자들과 달리 스트레스 상태에 오래 머무르지 않았다.

어떤가? 당신도 할 수 있다. 당신도 능동적으로 어떤 위협이든 도전으로 바꿔 버릴 능력이 있다. 효과는 대단하다. 몸이 보내는 신호 즉 스트레스 상태에 놓였을 때의 여러 반응을 새롭게 평가해 보자. 처음에는 어색하고 어려울 수 있지만 적용한다면 분명 놀라운 일이 벌어질 것이다.

〔 **Mind-Shift 4** 〕

어떤 일에 심장이 두근거리거나 불쾌한 기분이 드는가? 당신의 몸이 당신을 최적의 상태로 만들고 싶어 한다는 뜻이다! 지금 일어나는 모든 것이 분명 당신에게 힘을 불어넣어 줄 것이다. 이 감정들과 싸울 필요가 없다.

오히려 기뻐하라! 지금이야말로 움직이고 말하며 행동으로 옮길 때다. 이제 당신 차례다. 결과가 어떻든 당신은 지금보다 더 강한 저항력을 갖추게 될 것이다.

당신은 새로운 도전 앞에 서 있다. 더 큰 자유를 향한 도약일 뿐이다.

용기와 기쁨을 얻을 준비가 되었는가? 그렇다면 즐겨라!

미안하지만 스트레스가 아니라

지금 상황을
곡해하고 있는 건 누굴까?

어느 유명 회사의 대표이사직이 공석이 되었다. 회사의 이사진들은 27년간 근무해 온 얀에게 도전해 볼 의사가 있는지 물었다. 얀은 복잡한 심정이 들었다. 그 자리에 필요한 자격과 조건과 경험을 충분히 갖췄음을 본인 자신도 잘 알고 있었다. 하지만 알 수 없는 감정이 그를 뒷걸음질 치게 했다. 새로운 과업에 대한 무의식적 사고였다. 나는 얀에게 물었다.

"그 자리가 위협적으로 느껴지세요, 아니면 도전적인 감정이 드나요?"

내면의 느낌에 잠시 빠져 있던 얀은 잠재적으로 깔려 있던 불안감을 느꼈다. 그리고 명확하게 대답했다.

"위협이요!"

그는 대표 일을 상어로 가득 찬 수족관 안에 들어 있는 것같이 느꼈고 직장 동료들도 그저 적으로만 느끼고 있었다. 그는 일어날 법한 실패들을 생각하고 있었다. 이런 생각들이 대표직에 어떤 믿음도 들지 않게 했다. 거절하고 싶은 마음뿐이었던 것이다. 지금 상황을 곡해하고 있는 건 누굴까?

스키를 타고 있다고 가정하면 얀은 수많은 경험과 꼭 필요한 노하우를 갖고 있으면서도 무의식적 사고는 마치 얼음 고개 위에 서 있는 초보자인 셈이다. 그는 한 발도 뗄 수 없을 것이다.

현실에서도 마찬가지다. 얀은 자신이 만든 위협적인 상상 속에서 그 어떤 결정도 자유롭게 내릴 수 없을 것이다. 이미 내재된 사고방식이 그를 위협 속으로 몰아넣었기 때문이다. 무의식의 조언가는 그의 불안이다. 대표라는 자리에 대한 그의 거절은 그의 무의식적 사고에 나타나는 반응이다. 속에서 스멀스멀 올라오는 불안감은 그 직책을 수행할 수 없다는 그럴싸한 이유를 여러 개 만들어 냈고 왜곡된 초보자용 안경을 끼고 현실을 바라보지 않게 했다. 얀은 나와 함께 그 속에 있는 불합리하게 조합된 관점을 다양하게 하나하나 따져 본 후에야 비로소 대표직을 위협이 아닌 또 다른 새로운 도전으로 받아들일 수 있었다.

얀이 대표직을 받아들이는지 여부는 내게는 전혀 중요한 문제가 아니다. 중요한 것은 얀이 조금 더 명확한 자기의식으로 결론을 내릴 수 있느냐 여부다. 성공과 실패를 가르는 문제는 상상에 불과하다. 얀은 지금 내 상담실 의자에 앉아 있고 나는 그의 미래가 어떻게 될는지 전혀 알 수 없다. 그러나 어떻게든 물러서야겠다는 압박은 이제 얀에게 없다. 직장 동료들도 더는 적으로 느끼지 않는다. 오히려 자신의 지지자들로 관점을 바꿔 조금 더 좋은 결정을 내릴 수 있게 되었다. 이제 그는 대표직을 좋게 생각할 수 있게 되었고 그 직책을 떠올려도 전과 다른 기분을 가질 수 있게 되었다. 더 자유로워지고 더 명확해지며 더 가벼워진 기분 말이다. 얀은 많은 회의에서도 솔직해질 수 있게 되었다.

어떻게 이렇게 빨리 관점이 전환되었을까? 사고방식이 이렇게나 빨리 바뀔 수 있는 것일까? 대답은 간단하다. 위협이라 여기면 실제 존재하는 장애 요소 외에도 실제로 있지도 않은 위험이나 적, 공격자들을 보거나 만들기 때문이다. 그러니 다른 선택의 여지가 없다. 산비탈을 정말로 내려가지 않을지 혹은 아직 준비가 되지 않았다고 단순하게 믿고 있지는 않는지를 스스로 분명히 해야 한다. 복잡한 심정으로 생각에 골똘히 빠져 불안해 하고 뭘 해야 할지 갈팡질팡하면 당신의 삶에 불안하고 불확실한 시선을 던지게 될 뿐이다.

지금이야말로 깊은 평온 상태가 필요한 때다! 잠시 세상을 멈춰라! 내면에 드는 모든 생각을 중지하고 평온한 상태로 지금 여기 당신을 혼란에 빠트리는 것이 무엇인지 보라! 대부분의 사람이 무의식적으로 스트레스를 부정적으로 생각하기 때문에 겁에 질린 채 스키를 타거나 직책 변동을 경험한 얀과 똑같은 행동을 한다.

얀 역시 직책 변동을 처음에는 위협적이라고 생각했다. 이런 큰 변화는 그에게 익숙하지 않은 것들이었다. 위험부담은 당연히 수반된다. 얀은 가장 먼저 내적으로 익숙해져 있던 것들을 내려 두고 아직은 불확실한 것들에 자기를 맡겨야만 했다. 그는 일종의 흥분을 느꼈다.

이 단계에 접어들면 센 사람이든 약한 사람이든 모두 흥분을 느낀다. 살면서 완전히 새로운 과제나 상황을 마주하게 될 때도 마찬가지다. 위협적이라 느끼면 두려움이 생긴다. 하지만 두려움을 지각하면 어떤 일이 벌어질까?

우리는 두려움을 인정하는 것도 느끼는 것도 원치 않는다. 그렇기에 그런 감정이 일면 일순간 꾹 눌러 안으로 넣어 버린다. 깊은 평온, 이제 이 깊은 평온을 통해 조용히 두려움을 부르고 그 감정을 허용해 보자. 분명 모든 게 달라질 것이다. 그리고 놀라운 일이 벌어질 것이다. 그 두려움의 상태가 오래가지 않는다는 걸 느끼게 될 테니 말이다.

지금껏 걸어왔던 길을 벗어날 용기가 없다면 어떤 새로운 것도 경험할 수 없다. 새로운 관점을 얻기 위해 용감하게 뛰어내릴 각오가 되었는가? 어떤 상황에 대한 당신의 판단을 다른 관점에서 고려해 보고 신체적으로 경험되는 것들을 새롭게 평가 내리는 게 가능해지면 뇌와 신체 사이의 복잡한 협력 작용도 바꿀 수 있다. 심장이 미친 듯이 뛸 때조차 분명한 자의식 태도를 일순간 가질 수 있고 그 태도가 낳을 결과에 대한 믿음도 갖게 된다. 정말로 삶이 바뀌는 것이다!

어떤가? 여전히 스트레스가 당신의 건강에 해롭다고 생각하는가?

아동기 때 각인된 경험

심리학에서 사고방식은 우리 모든 생각, 감정, 태도에 영향을 미치는 무의식으로 정의된다. 특정한 관점으로 나아갈 방향을 제시하는 렌즈와도 같다. 렌즈를 통해 보이는 세상이 항상 아늑하고 유쾌한 것도 아닌데 우리는 늘 이게 실제 모습이라고 확신한다. 이런 이유로 매 순간 현실을 무한히 다양하게 해석할 수 있음에도 우리는 딱 견딜 수 있을 정도로 축소해 받아들인다.

주로 아동기 때 각인된 경험들을 바탕으로 사고방식은 발달한다. 어떤 경험들이 반복되면 깊은 확신이 생기고 이는 전두엽에 저장된다. 이렇게 형성된 확고한 믿음들은 진실이 된다. 사고방식은 우리가 무엇이 좋고 나쁘다고 생각할지를 결정한다. 살면서 매 순간 새로운 판단을 내릴 필요가 없어진다. 이는 에너지를 절약해 주지만 굉장히 가치 있는 것들을 잃을 수 있다는 위험도 동시에 안고 있다. 대개는 우리 사고방식이 보라고 허락하는 것들만 보는 탓이다.

사고방식은 매번 관찰이나 기억 등을 통해 활성화되고 생각이나 감정 그리고 연관된 행동을 불러일으킨다. 이를 가늠하기는 참 힘들다. 본인이 어떤 사고방식을 가졌는지를 정확히 아는 사람은 없다. 사고방식 고유의 특성이기도 하다. 세상에 대한 왜

곡된 시각을 갖고 있다는 사실을 모르는 것이다.

최고의 희소식

사고방식은 선호 그 이상이다. 현재 12살이 된 딸아이는 매운 과자를 선호한다. 이런 선호 성향은 아이의 삶에 큰 영향을 미치지 않는다. 얼마나 신호하는가는 전혀 중요하지 않다. 오히려 남동생이 부모로부터 늘 더 많은 시간과 관심을 얻고 언니는 매번 원하는 대로 할 수 있다는 것을 느낀 둘째로서의 경험이 아이의 삶에 커다란 영향을 미칠 것이다. "나는 더 많은 시간과 관심이 필요해", "싸워 이겨야 해" 같은 생각 말이다. 셋 중 중간으로 태어난 이 아이가 어떤 경험들을 저장하고 훗날 형성된 그러한 사고방식들이 어떤 인간관계망을 형성하고 어떤 영향을 미칠지는 아무도 알 수 없다.

똑같은 부모 아래 똑같은 환경에서 똑같은 교육을 받고 똑같은 운명적 사건들을 경험한 형제자매라도 각자 나름의 지각과 사실이 있다. 그래서 쌍둥이 중 한 아이는 자신의 삶을 아주 행복하게 그리는 한편, 다른 아이는 비기능적인 가족으로 묘사하는 상황이 벌어지는 것이다. 사고방식은 맑은 하늘에서 뚝 떨어진 것도 유전적인 것도 아니다. 사고방식*은 결국 우리 선택에 의한 것이다.

한때 사고방식은 우리가 세상을 이해할 수 있는 쉬운 방법을 보여 줬다. 어떤 문제들과 계속해서 싸워 나갈 필요가 없었다. 설령 사고방식이 우리 발목을 잡고 앞을 막아섰어도, 행여 힘든 상황으로 우리를 이끌었어도 그건 하나의 해결책일 뿐이었다. 사고방식은 필수 생존 전략이며 우리를 돕는다. 이러한 사고방식은 누구에게나 다 있다. 최고의 희소식은 우리가 삶을 통제할 수는 없어도 사고방식을 바꿀 수는 있다는 것이다. 그리고 제법 쉽고 빠르게 그것이 가능하다는 것이다.

뭐라고? 여자는 없었다고?

스트레스 연구가 라우라 클라인(Laura Klein)과 셸리 테일러는 압박을 느끼면 남자들은 어디론가 숨어 버리고 여자들은 커피를 마시거나 실험실을 청소하거나 아주 친한 여자 친구들에게 전화를 건다는 사실을 발견했다.[9] 누군가에게는 그저 재미난 사실에 불과할 테지만 그녀들은 이를 계기로 지금까지의 스트레스 실험과 연구가 주로 남자들이나 수컷 동물들을 대상으로 이루어졌다는 사실을 발견했다. 대략 90퍼센트의 스트레스 연구가 남자를 대상으로 이뤄졌다. 인류의 절반인 여성들은 스트레스 연구에 있어서만큼은 어떤 주목도 받지 못한 것이다. 연구자들은 어쩌다 포함된 여성 피실험자들이 보이는 반응에 대해서 그저 순수하게 여성들만이 갖는 반응이라며 완전히 무시했다.

이유야 어떻든 남자로만 이뤄진 실험으로도 얻게 된 귀한 결과는 있었다. 그건 옥시토신 반응이었다. 스트레스 상황에 맞닥뜨리면 다량의 옥시토신이 생성되는데 이 물질은 나른 사람에게 좀 더 가까이 접근하게 만든다. 자신의 사회적 관계망을 좀 더 튼튼하게 만드는 데도 영향을 미친다. 공감과 직감 능력도 강화시키는 효과가 있다. 이 밖에도 옥시토신은 싸우거나 도망가려는 반응을 완충시키는 작용을 했다. 뭔가 좋지 않은 일이 생기면 우리는 가장 먼저 아이들과 배우자 혹은 부모님과 친구들 어쩌면 애완동물을 떠올리거나 그들에게 다가가려는 특성이 있다. 역설적으로 당신의 팀이나 회사 혹은 동료들이 곤경에 처할 때 당신이 그들을 지지하고 옹호한다면 옥시토신의 영향, 어쩌면 스트레스 덕분에 발생되어 있던 호르몬의 반응일지 모른다.

어릴 때 오랫동안 아팠고 다른 사람의 보살핌과 걱정을 특히

나 많이 경험한 사람은 어른이 되어서도 보살핌이나 가까워지는 관계에 커다란 반응을 보인다. 내 전 남편이 그랬는데 그는 어릴 때 골프 차량과 부딪혀 몇 차례 수술을 받아야 했다. 이 일로 가족뿐 아니라 학교나 친구들, 동네 어른들에게서조차 걱정 어린 말을 많이 들었다. 어른이 된 뒤 남편은 스트레스 상황에 처할 때면 친구들과 가족에게 감사함을 표하며 보답을 하려는 기질을 보였다. 감정적인 보살핌에 더해 더 가까워지려는 태도를 취하고는 했다. 그가 어릴 때 강렬하게 경험한 바로 그것이었다.

아주 강한 전사 기질을 가진 남자들도 한순간에 굉장한 보살핌 상태로 바뀔 수 있다. 예를 들면 아빠가 되었을 때 남자들은 일순간에 너무 다른 사람으로 변한다. 완전히 다른 사람이 된 것처럼 말이다. 성공한 매우 바쁜 여성들이 보살피고 가까워지려는 여성적인 감성을 남편들에게 전가할 정도로 말이다.

토니 마샬 대신 모차르트

스트레스에 대한 이 멋진 사고방식의 변화가 어떻게 일어나고 삶에 어떤 영향을 미치는지를 최근 새롭게 발표된 연구들을 통해 알게 되었다. 중요한 사실은 뇌가 평생 변화한다는 점이었다. 학자들은 이런 현상을 신경 가소성이라고 불렀다. '뇌의 유용성은 사용하지 않으면 잃는다(use it or lose it)'는 표현에 정확히 맞아떨어진다. 뇌는 우리 자신, 우리가 만나는 사람들, 우리를 둘러싼 세상에 계속 맞춰 변화한다.

예전에는 사춘기가 지나면 정신적으로 퇴화한다고 생각했다. 그렇기에 사춘기를 지날 때까지 뭔가 확실한 계획이 없으면 인생의 복권 당첨 시기를 놓쳐 버린 사람으로 인식되었다. 유감스럽지만 더는 뭔가 새롭게 할 게 없다고 모두 생각했다.

나 역시 이런 잘못된 인식의 피해자였다. '우리 부모님이 내가 어릴 때 가끔이라도 책을 읽어 줬더라면, 무턱대고 그 많은 지지를 해 주지 않았더라면, 토니 마샬 대신 모차르트 음악을 틀어 줬더라면 지금보다 더 좋은 모습을 갖게 되지 않았을까?'라고 생각했으니 말이다. 하지만 지금은 알고 있다. 이것보다 더 잘못된 믿음은 없다는 것을, 지금 상태의 책임을 부모님께 전가할 수 없다는 것을 말이다. 모든 과학의 발전으로 이제 우리는 배움에도 도전에도 결코 늦은 나이란 없다는 걸 잘 안다.

뇌의 능력은 변화를 통해 그 모습을 명확하게 드러낸다. 뉴런은 우리가 무언가를 할 때 더 강해지고 단단해진다. 반면 아무것도 하지 않고 내버려 두면 연결은 약해지고 결국 끊어진다. 우리가 새로운 경험을 쌓으면 뉴런들은 새로운 시냅스 연결을 만들어 전기·화학적 정보들을 내보낸다. 경험이 반복되면 이 시냅스는 훨씬 강하게 연결된다. 모든 새로운 생각과 경험이 변화 과정을 끌어내는 것이다.

이런 변화는 상상만으로도 가능하다. 뇌 연구가 파스큐얼-레오네(Pascual-Leone)는 자기 뇌도 측정법(MEG: Magnetoencephalography)을 이용해 피아노 연주 때 나타나는 뇌의 변화를 관찰했다.[10] 그는 피실험자들에게 쉬운 피아노곡을 매일 2시간씩 일주일에 5일, 5주간 연습하도록 했다. 그 결과 손가락 움직임과 관련된 뇌 부위가 더 팽창한다는 사실을 발견했다. 흥미롭게도 대조 그룹의 피실험자들도 피아노 앞에 앉아만 있었고 그저 2시간 동안 똑같은 곡을 연습하는 상상만 했을 뿐인데 이 자체로 피아노를 실제 연주하는 것과 유사한 효과를 뇌에 가져왔다. 근육운동을 관여하는 뇌의 부위가 커진 것이다. 이게 바로 상상의 힘이다.

우리 뇌는 상상 즉 정신적 훈련만으로도 어느 정도 단련될 수 있다. 만약 당신이 농구를 새롭게 시작했다면 처음에는 분명 농구대에 한 골도 넣지 못할 것이다. 하지만 무언가 새롭게 시작한다는 생각만으로도 뇌는 달라지기 시작한다. 연습이 반복될수록 신경세포 사이의 커뮤니케이션은 빨라진다. 좁다란 길은 도로가 되고 얼마 후엔 4차선 고속도로가 깔린다. 이제는 눈을 감고도 농구대에 공을 넣을 수 있다. 운동을 연기하는 것이다! 습관이 몸에 뱄기 때문이다. 너크 노비츠키에게 물어보라. NBA의 전설이 되기 전까지 얼마나 많은 공을 던져 봤는지!

매일 연습하면 스포츠·수공업·예술 등 다양한 분야에서뿐만 아니라 공감·우정·동질감·기쁨 등의 특성에서도 대가가 될 수 있다. 이때 필요한 것은 의지다. 계속하겠다는 의지! 습관과 의지, 이 두 가지 요소는 필수다. 소질은 당신을 포함해 누구에게나 있다. 인간이라면 타고났다. 다만 꾸준히 연습하고 갖겠다는 의지의 차이일 뿐이다. 당신이 계속하겠다는 그 결심에서 상상할 수 없을 만큼 멋진 슈퍼 영웅이 탄생될 것은 뻔하다. 더 많은 애착을 느끼게 될 뿐 아니라 더 행복하고 더 건강해질 수 있다. 일거양득이 아니고 뭐겠는가!

우리는 우리가 속한 분야에서만큼은 영웅이어야 한다. 하지만 잘못된 관점을 더 강화시키는 우(愚)를 우리는 우리도 모르는 사이에 범하고 있다. 수년간 단련해 온 잘못된 관점이 무의식에 무의식으로 단련된 것이다. 하늘에서 뚝 떨어진 영웅은 없다. 이런 현실에서 벗어나자.

〔 **Mind-Shift 5** 〕

그것이 좋은 것이든, 나쁜 것이든 당신이 (의식적 혹은 무의식적으로) 매일매일 연습하고 있는 특성들은 무엇인가?

부정의 포로

스트레스에 지속적으로 노출되고 있을 때는 정신 훈련이 정말 중요하다. 누구나 안다. 그래서 많이들 사용하는 방법이 깊이 생각해 보기, 긴장을 이완시키기, 신경을 끄기 등이다. 가끔 이렇게 하려고 애쓰는 사람이 있는가 하면 매순간 하는, 일상처럼 되어 버린 사람도 있다.

사실 스트레스에 빠져 있을 때는 어떤 말이나 벗어나려는 자구책들이 전혀 도움이 되지 않는다고 생각될 때가 많다. 하지만 사실은 다르다. 스트레스 연구들에 따르면 어떤 상황에 부딪혔을 때 부정적으로만 판단하는 사람들은 특정 부위의 뇌 영역이 점점 얇아지기 때문에 자신의 충동이나 감정을 통제할 수 없는 지경에 이른다는 거다. 또 몸이 보내는 신호들을 올바로 지각하지 못해 더 심각한 상태로 자신을 몰고 가 버릴 수도 있다고 한다. 결국 그들은 끊임없는 내적 가동 상태로 살아가게 된다. 생각은 계속 머릿속에 맴돌고 어느 순간 부정의 포로가 되어 버리고 만다. 몸에서는 스트레스 호르몬을 내보내고 근육들은 경직되며 소화기능까지 떨어트리게 되는 것이다.

몸은 우리에게 계속해서 행동하라고 재촉한다. 이 끔찍한 기분이 사라지길 바라며 모든 노력을 다한다. 그런데 정신이 다치도록 계속 내버려 두면 이 고마운 몸 역시 망가져 버리고 말 것이다. 어떻게 하면 부정적인 생각과 감정을 멈추고 평온해질 수 있을까?

나는 내 생각이 아니에요!

"그건 일상의 오류죠!"

신경학자이자 명상 연구가인 브리타 휄첼은 스카이프 통화에서 이렇게 웃으며 대답했다.

"우리는 우리 생각이 아니에요! 이걸 알아차리는 게 첫 번째로 중요해요. 나 자신과 내 생각을 아주 강하게 동일시하고 내가 생각한 그대로 되어야 한다고 생각하기 때문에 어려운 거예요. 내가 빠져 있는 생각들 그게 나고 진실이라고 믿죠. 그렇게 '내 삶은 이래야만 해!'라는 바람에 사로잡혀 있으니 스트레스가 되는 거예요. 사실 세상사가 우리가 바라는 대로 흘러가지는 않잖아요. '그랬어야만 했는데…'라고 후회하기 때문에 너무나 고통스러운 거예요.

부처님은 번뇌를 자주 언급하죠. 이 번뇌는 스트레스로도 표현할 수 있어요. 어떤 것을 하고 싶다는 집착 혹은 어떤 것을 하고 싶지 않다는 거부로 인해 고통이나 스트레스가 생겨나죠. 이때 쉬운 해결책이 있어요. 그것은 수용이에요. '그것들은 원래 그런 거다. 내가 변화시킬 수 있는 것들도 있지만 변화시킬 수 없는 것들도 있다.' 이걸 인정해야만 해요."

수용이 쉽지 않다는 생각이 들어 내가 물었다.

"수용은 어떻게 배울 수 있나요?"

"가장 손쉽고 중요한 방법은 수용을 인지한 상태에서 나 자신을 관찰하는 거예요. 내가 바라는 것들에만 너무 매달리다 보면 어떻게 될까요? 내가 지금 느끼고 있는 감정들에 다가가 이 사실을 인지할 줄 알게 되면 세상이나 어떤 사건들에 대한 반항이 썩 좋지 않다는 걸 깨닫게 된답니다. 의식과 함께 직접 경험하는 일이 잦아지면 '이번엔 다르게 한 번 해 볼까?'라는 생각도 훨씬 쉬워져요. 이때 마음 챙김 연습이 대단히 좋아요. '어디에서 머뭇거려지는 거지? 그러면 어떤 일이 발생하지? 그냥 내버려 두면 어떻게 달라지지?'라고 생각을 해 보는 거죠."

나는 다시 물었다.

"왜 우리 인간은 이것저것 끊임없이 생각하면서 자신을 이렇게나 힘들게 하는 걸까요?"

"실제로 우리 인간은 생각에 빠지고 또 그 생각의 꼬리를 물도록 프로그래밍되어 있어요. 그렇게 타고났죠. 이건 인간이 가진 놀라운 능력이기도 하죠! 미리 생각해 보는 능력이 있으니까 살아남을 기회도 높아지는 거죠. 골똘히 생각하는 능력은 진화 관점에서 중요하게 발달했다고 봐요.

이렇게 생각해 보죠. '호랑이가 갑자기 내 눈앞에 나타난다면 어떻게 행동해야 할까?' 이런 생각은 혹여 일어날 수도 있을 끔찍한 일에 적절히 대응하도록 도와줘요. 문제는 일어날 수도 있

미안하지만 스트레스가 아니라

을 법한 사항을 너무 불필요하게 많이 그리고 자주 생각한다는 데 있어요. 연구에 따르면 끊임없는 생각은 우울증과 연관이 있다고 해요. 꼭 그럴 필요는 없었다는 것에 대한 자각이죠. 하지만 이 자각 역시 어느 정도 예측되어 있어요. 꼬리를 물고 이어지는 생각에 빠져 있는 것 자체도 정상이에요. 우리는 그렇게 태어난 걸요.

우리 몸은 우리 시스템 즉 정신을 돕고자 하는 거예요. 이런 현상에 대한 자각만으로도 우리는 완전히 다른 위치에 설 수 있게 되는 거예요. 그럼 그렇게 옴짝달싹하지 못한 채 그저 나를 내맡기지 않아도 되죠. 결국엔 모든 것이 순리대로 흘러가고 있는 것이니 감사한 마음을 갖게 되고 소중히 여기게 되는 거예요. 화를 낼 필요가 없는 거예요. 이렇게 말할 수도 있죠. '내가 이럴 줄 알았어. 또 이렇게 되었네. 스트레스를 받고 생각에 생각의 꼬리를 물고 있잖아. 에잇! 그만두자. 이런 기분에 계속 머무를 필요는 없어.' 이렇게 또 그리고 또 그만두는 것. 이건 연습하면 된답니다."

나는 다시 질문했다.

"우리는 직면한 문제들을 쉴 새 없이 고민하고 이렇게 저렇게 생각하면서 해결책을 찾으려고 노력해요. 보통 다들 그렇게 하죠. 이런 생각의 회전목마에서 내려오는 게 왜 도움이 되는지 학문적으로 너무 어렵지 않게 설명해 주실 수 있을까요?"

"우리는 해결책에 대한 생각의 소용돌이에 곧잘 휘말려요. 왜 그렇게 된 거지? 어떻게 하면 이곳에서 빨리 빠져나갈 수 있지? 누구 잘못이지? 인간이 세우는 전형적인 전략이죠. 실제로 이런 생각들은 어느 정도 긴장을 풀어 줘요. 다른 말로 하면 이런 생각의 꼬리가 아주 잠깐의 속임수 같은 긴장 완화를 해 준다는 거죠. 그런데 마지막에는 긴장도가 더 높아져요. 실제로는 계속 그일에 신경을 쓰고 있어서 문제를 해결하지 못하는 경우가 대부분이죠. 우리 몸에 귀를 기울이고 '아, 재밌네. 여기 스트레스가 있어. 여기 두려움이 있어. 지금 그래도 괜찮아' 이렇게 말할 수도 있을 때 스트레스가 다시 줄어든다는 사실을 여러 연구를 통해 확인할 수 있었어요. 편도체가 금세 다시 잠잠해질 수 있다는 걸 알게 되었죠. 저항심을 그대로 놔두는 행동은 우리 몸이 자연적으로 행동을 취할 수 있게 해 줘요. 다양한 경험의 파도 속에서 늘 출렁거리고 스트레스 순간은 오래가지 못하게끔 우리 몸은 만들어져 있어요. 수용함으로써 그대로 내버려 둠으로써 그리고 이와 함께함으로써 우리 몸은 두려움과 스트레스 속에서 다시 빠져나올 기회를 얻게 된답니다. 이건 스스로 경험해 볼 수 있어요."

"누구나 쉽게 연습해 볼 방법이 있을까요?"

"생각의 꼬리를 끊는 데는 바디 스캔이 아주 좋아요. 요가나 명상, 몸으로 되돌아가기 등…. 우리 몸에 주의를 기울이면 다른 잡다한 생각들이 떠오르지 않게 되죠. 꼬리를 물던 생각의 소용돌이에서는 빠져나오게 되고요."

"인도에서 마음 챙김과 명상을 공부하셨는데요. 아주 특별한 순간이 있었나요? 예를 들면 깨달음을 얻은 경험이라든가."

브리타 횔첼은 크게 웃으며 대답했다.

"아뇨, 저도 기다리고 있어요! 혐오, 회피, 집착의 메커니즘 속에 우리가 머물러서는 안 된다는 '아하!' 정도의 경험이었어요. 우리는 우리 생각이나 우리가 경험하는 것들이 아니란 사실 그리고 우리 의식 안에서 일어났다가 사라져 버리는 이 모든 것을 우리 스스로가 우리 생각 속에 사로잡아 놓을 수 있다는 사실도 깨닫게 되었죠. 하지만 눈이 뜨였다고는 말 못하겠네요."

다람쥐 쳇바퀴

매일 머릿속을 맴도는 생각들만 우리 몸을 긴장 상태에 빠트리는 것은 아니다. 과거에도 현재에 영향을 주는 원인과 요인들이 있다. 어릴 적 애정 어린 손길을 느껴 봤는가? 꼭 껴안겨 보기도 하고 뽀뽀도 받아 봤는가? 과거에 느끼고 동요되었던 신체적 경험 역시 우리 자동 조정 장치에 프로그램된다. 사랑 가득한 손길과 보살핌은 신체 기억 속에 고스란히 저장된다.

이런 기억은 성인이 되어서도 깊은 평온함과 안전감, 진정한 안정성을 회복하는 데 필수적인 역할을 한다. 자기 몸 안에서 유연한 사고를 할 수 있는 사람은 삶에서도 유연하다. 자기 몸을 신뢰하지 못하는 사람은 계속되는 걱정거리나 스트레스에서 쉽게 헤어 나오지 못한다. 마치 다람쥐 쳇바퀴와 같다. 하지만 희소식도 있다. 어릴 적 충분히 갖지 못한 경험을 지금이라도 다시 채워 넣을 수 있기 때문이다. 앞으로 좀 더 설명하겠지만 이런 현상들을 신뢰하는 법을 배울 수 있을 것이다.

아직 안 끝났어

스트레스에서 쉽게 벗어나지 못하는 또 다른 이유는 인간의 별난 능력 때문이다. 야생동물도 한 단계 위의 포식 동물로부터 도망치는 그 순간에 스트레스를 경험하지만 위험에서 벗어났다

미안하지만 스트레스가 아니라

고 판단되면 즉시 쓸데없는 긴장을 버리고 다시금 평온하게 풀을 뜯는다. 상황이 종결되었기 때문이다. 하지만 인간은 스트레스 사건을 자진해서 계속 맞닥뜨린다. 우린 어떤 면에서 약간 미친 것 같다. 끔찍한 피로감이 정신적 외상을 주는 걸 뻔히 알면서도 계속 붙잡고 매달리니 말이다.

비행기 추락, 폭행, 화재 사건 같은 소식들은 한 번에 그치지 않고 거듭 반복되어 여러 매체를 통해 들려온다. 우리는 이 심란한 소식들을 끊임없이 접하는 데 그치지 않고 무섭고 잔인한 영화나 TV 시리즈까지 본다. 아드레날린을 솟아오르게 만드는 것을 점차 추구하게 되는 것이다.

이런 것들은 잠재적으로 인간에게 공격성을 부여한다. 알게 모르게 이런 감정들에 내포되는 흥분 호르몬은 만성적 스트레스로 작용되어 공격적인 에너지를 발산시킨다.[11] 그중 가장 쉽고 사회적으로 통념되는 게 바로 술이다. 퇴근길 술 한 잔은 놓쳐버린 긴장 완화를 위한 응급조치다. 우리는 거리 어디에서나 술에 취하고 담배를 피운다. 때론 지나치리 만큼 충동적인 쇼핑을 하기도 하고 도덕성 없는 무분별한 성관계로 표출되기도 한다. 이 각각의 방법들은 우리를 진정시키고 그 이상 아무것도 묻지 않는다.

너무 외로워요,
죽을 것만 같아요!

인간의 생존 방식은 우리를 외롭게 만든다. 사회적 두려움은 스트레스를 유발시키는 가장 첫 번째 이유다. 사람들은 다른 사람의 판단을 두려워하고 고립감을 느끼며 스스로 움츠러든다. 외로움 때문에 사람들은 아파하고 그 영향으로 실제 일찍 생을 마감하기까지 한다.

2010년, 미국·유럽·아시아 연구들을 바탕으로 메타 분석을 한 결과 30만 명 이상의 피실험자를 통해 그 정도가 명료하게 밝혀졌다.[12] (이 연구들은 6년에 걸쳐 3400만 명까지 대상 수를 확대했으며 모든 세대를 아우르는 역학 정도를 예측해 냈다.) 연구에 따르면 사회적 두려움은 연습으로 달라질 수 있는 정신질환이었다.

어딘가에 속해 있고 연대의식을 느낄수록 두려움은 점점 더 적게 경험된다. '좋아요' 클릭에 관한 게 아니다. '내가 어떻게 보일까?'는 중요한 질문이 아니다. '나는 어떻게 진짜가 되지?'라고 스스로에게 질문해 보자. 해결책은 현실에 조성되어 있는 사회적 관계망에 있다.

미안하지만 스트레스가 아니라

〔 *Mind-Shift 6* 〕

- 당신은 현재 친구나 연인 혹은 사회적 관계망에 신경을 쓰고 있는가?
- 당신의 걱정·두려움·기쁨 등을 진심으로 공유할 사람이 있는가?
- 친구 무리가 있는가?
- 당신의 의견을 공유할, 마음이 맞는 무리가 있는가?
- 독서 모임·마음 챙김 모임·운동 모임이 있는가?

재밌는 건 세상에는 당신에게 맞는 모임이 반드시 있다. 하물며 무리를 싫어하는 사람들을 위한 모임도 있다!

공감 혹은 동감

공감을 쉽게 그리고 많이 하는 사람은 오히려 곤경에 자주 처할 수 있다. 공감은 다른 사람과 감정을 나눌 수 있는 능력이다.

인간의 중요하고도 놀라운 특성이다. 공감은 우리를 행복하게 하고 다른 사람의 일에 함께 기뻐하도록 만든다. 하지만 다른 사람의 아픔을 보고 공감할 때마다 우리 뇌의 고통 회로도 매번 활성화된다. 따라서 아프다. 그렇다 보니 스스로를 보호하려고 움츠려들거나 벽을 쌓기도 하고 때론 자신의 감정에 대한 판단력을 잃는다. 즉 공감이 강화되면 최악의 경우 본연의 고통을 키우고 사회적으로 고립될 수도 있다. 고통받는 사람들과 일하는 직업을 가졌다면 공감적 스트레스의 조절 능력은 무엇보다 중요하다.

이제 우리는 공감이 아닌 동감의 능력을 배워야 한다. 동감은 연습이 가능한 능력이다. 동감은 관심을 갖는 진심 어린 힘이며 다른 사람을 도우려는 마음에서 비롯된다. 동감은 사회적인 행동을 하게 만들고 연대감을 높여 준다. 다른 사람과 함께가 아닌 다른 사람을 위한 감정을 갖게 된다. 이 두 감정의 차이는 삶의 질뿐만 아니라 뇌의 역할 면에서도 시사하는 바가 크다.

2016년, 독일의 신경학자 탄냐 징어(Tanja Singer)는 300명의 피실험자를 대상으로 9개월 거쳐 실험을 진행했다. 실험의 주된 목적은 마음 챙김·동감과 같은 사회적 능력 그리고 다른 사람의 관점을 수용할 수 있는 능력을 연습할 수 있는지, 만약 그렇다면 어떻게 가능한지를 알아보기 위해서였다. 이 실험을 통해 탄냐 징어 박사는 정신적 훈련을 통해 체험과 스트레스를 포함한 많은 부분에서 차이를 보일 수 있다는 걸 밝혀냈다.

명상 기법들은 인간의 뇌에 다양한 영향을 미쳤다. 동감을 연습하면 배려와 온정과 사랑으로 반응하는 부위가 활성화되었다. 또한 소속감이 더해졌을 뿐 아니라 책임의식이 강해져 더 나은 사람이 될 수 있는 가능성이 제기되었다. 살면서 변화를 통해서만 얻을 수 있는 이러한 특성들을 특정 명상 기법들로 더 명확하고 확고하게 만들 수 있게 된 것이다. 이런 이유만으로도 동감 능력을 키우고 학습해야 할 이유가 충분하지 않은가!

공감과 다른 점은 수학이나 체육 같은 교과목처럼 배워야 하고 성인이 되어도 계속 훈련해야 한다는 데 있다. 이와 같은 학술적 기반을 갖춘 프로그램들은 스트레스 감소나 평온한 감정을 유지시키는 목적을 가진 사람뿐만 아니라 누구나 익혀야 하는 필수 훈련이다. 디지털 통신 세계 속에서 실시간 소통을 하면서도 그 어느 때보다 많은 외로움을 느끼는 이 사회에서 어떻게 하면 모두가 우리와 같은 그저 한 명에 불과하다고 인식할 수 있을까? 동감과 소속감에 대한 교육은 만성적 스트레스에서 벗어날 하나의 방법을 넘어 사회적 차원의 만성적 이기심에서 벗어날 대안이 될 수 있다. 탄냐 징어 박사는 그런 차원에서 경제적 인간(homo oeconomicus)에서 벗어나 배려 경제(caring economics)로 나아갈 방안을 연구 중이다.

터무니없이 자애로운 슈퍼 영웅이 되는 방법

많은 이가 이바지하기를 원한다. 지금보다 조금 더 나은 세상을 만들기 위해, 의미 있는 일을 위해, 누군가를 돕거나 더 화목해지기 위해서다. 당신은 어떤가? 그런 도움을 주고 있는가? 실천하고 싶지만 효과적인 방법을 몰라 실천하지 못하는 중인가? 그렇다면 이제는 도움을 베풀 수 있다. 그것도 지금 당장 말이다.

가장 쉽고 효과적인 방법은 자비-명상 연습에 있다. 이는 불교에서 하는 명상법으로 뇌를 확실히 변화시키는 효과가 있다. 사실 어느 종교의 명상법인가는 별개의 문제다. 이 명상만으로 긍정적인 감정은 늘어나고 지금 당신 주변 사람을 포함해 사회적 인간관계망에도 좋은 영향을 미친다. 신체적 불편함도 줄어드는 효과가 있다. 가장 먼저 자신에게 동감하는 법을 배우고 그 다음 이 감정을 다른 사람에게 적용할 수 있게 된다. 다름에 따른 불편한 감정은 줄어들고 오히려 유대감과 연대성을 더 키울 수 있는 정신적 넉넉함을 얻게 되는 것이다.

슈퍼 영웅으로서 자리를 받아들여 전 세계적으로 퍼진 커다란 커뮤니티의 일부분이 되어 보자. 혼자가 아니라 모두와 함께 연결되어 있다고 느끼는 거다. 이런 사고의 효과는 이미 입증되었다. 당신은 혼자가 아니다. 모두와 함께 있다. 마음을 다 잡고 자기의식의 성장을 도와 보자. 충분한 가치가 있을 것이다.

(Mind-Shift 7)

자비-명상은 우선 당신 자신을 위해 그다음으로 모든 생명체를 위해 자비로운 행동을 해 나가는 것이다. 얼마나 경험해 봤느냐에 따라, 시간이 얼마나 허락하느냐에 따라 10분에서 30분 소요된다.

똑바로 그리고 편안하게 앉아 보자. 깊게 숨을 쉬어 보자. 3분에서 5분 정도 들숨과 날숨에 집중해 보자. 기분 좋은 이완 상태가 될 때까지 당신의 숨을 느껴 보자. 당신의 정신은 뭔가 할 것이 필요하다. 그러니 숨을 쉬는 데 열중하게 하라. 들숨을 느낀 후 마음속으로 이렇게 말해 보자.

"숨을 들이쉰다."

날숨을 느낀 다음에도 이렇게 말해 보자.

"숨을 내쉰다."

심적으로 어느 정도 안정되면 당신 자신에게 시선을 돌려 당신을 너무도 사랑하는 그 누군가가 되어 자기 자신을 바라보자. 그리고 이렇게 말해 보자.

"내가 안전하기를 바라."

"내가 건강하기를 바라."

"내가 행복하고 자유롭기를 바라."

말하는 데 마음을 다하자! 이 문장들을 연달아 말해도 좋고 한 문장을 여러 번 반복해 말해도 좋다. 문장을 바꿔도 좋다. 지금 가장 필요한 말이면 된다.

"나는 나를 사랑한다."

"나는 치유되고 싶다."

이제 당신이 매우 사랑하는 누군가를 마음속으로 떠올려 보자. 그리고 이렇게 들려주자.

"네가 안전하길 바라."

"네가 건강하길 바라."

"네가 행복하고 자유롭길 바라."

이 훈련이 노련해졌다면 이제 당신에게 상처를 준 누군가를 떠올려 보자. 밉거나 갈등 관계에 있거나 감당할 수 없는 상처를 준 누군가를 선택해 시도해 보자. 물론 진심일 때만 효과가 생기는 법이니 아직 준비되지 않았다면 서두를 것 없다. 마지막으로 모든 생명체에게도 자애로운 관용을 베풀어 보자.

"살아 있는 모든 것이 안전하길 바라."

"살아 있는 모든 것이 건강하길 바라."

"살아 있는 모든 것이 행복하고 자유롭길 바라."

가능하면 매일 하기를 권한다.

괴물의 탄생이거나
지나친 오해이거나

현대 스트레스 연구들을 살펴봤으니 이제 스트레스라는 게 어떻게 생겨났는지 그 근원을 살펴보자. 스트레스의 본질을 이해하려면 그 단어가 생긴 출발점으로 가 봐야 한다.

스트레스라는 단어는 1936년에 빈 출신의 한스 셀리에 박사에 의해 처음 생겨났다. 100년도 안 되었다는 이야기다. 한스 셀리에 박사는 오스트리아에서 의학을 전공한 뒤 캐나다로 이민하여 생화학자로 연구에 몰두했다. 처음 그가 관심을 보인 분야는 (난소) 호르몬이었다. 그는 도살장에서 소의 난소를 구해 세포를 추출했고 이를 실험용 쥐들에게 주입시켰다. 쥐들에게 나타나는 변화를 근거로 새로운 호르몬 반응에 대한 단서를 찾으려는 의도였다. 다행히 실험용 쥐들에게서 이상 반응이 나왔다. 출혈성 궤양 증상이 나타났고 부신은 증대했으며 림프샘은 쪼그라들었다. 하지만 셀리에 박사는 의문이 들었다. '이런 끔찍한 영향을 미친 게 정말 소의 난소에서 나온 호르몬 때문일까?'

셀리에 박사는 다시 확인해 보기로 하고 이번에는 도살장 가축들의 간·근육·뇌에서 각각 추출한 조각과 분비물들을 쥐에게 주사했다. 그러자 이전과 똑같은 증상이 나타났다. 출혈성 궤

양 증상이 나타났고 부신은 중대했으며 림프샘은 쪼그라들었다. 셸리에 박사는 마지막으로 소독 물질인 포르말린을 쥐들에게 주입해 보기로 했다. 역시 결과는 같았다. 새로운 호르몬 발견이라는 그의 커다란 꿈이 물거품 되는 순간이었다.

하지만 셸리에 박사의 말에 의하면 그건 굉장한 깨달음이었다. 특정 호르몬 때문이 아니라 어떤 주입이든 쥐들에게 영향을 미쳤다면 분명 무언가 다른 것이 개입된 게 틀림없다는 생각이 든 것이다. 그 무언가를 셸리에 박사는 아픔 증후군(the syndrome of just being sick)이라고 명칭했다.

그는 다른 형태의 고통도 쥐들에게 같은 영향을 미치는지 알아보고 싶었다. 그래서 그는 이 불쌍한 쥐들의 뼈를 부러뜨리고 화상을 입혔으며 쥐를 묶어 완전히 움직이지 못하게 하거나 지쳐 쓰러질 때까지 움직이게 했다. 쥐들은 괴로워했고 죽어 갔다. 특이한 것은 이렇게 죽은 쥐를 해부했을 때 매번 같은 증상이 발견된다는 점이었다. 지치고 고통받은 쥐들의 모습은 셸리에가 10년 전 빈에서 저명한 의사로 일하며 만나 온 환자들을 연상시켰다. 어떤 병을 앓든 모든 환자가 아파 보였다.

당시 그는 이것을 질병 증상이라고 진단하려 했지만 다른 교수들은 이런 그를 비웃기 일쑤였다. 사람을 대상으로 한 실험은 한 차례도 없었지만 셸리에는 쥐를 대상으로 한 실험을 과감히 인간에게도 적용하기로 했다. 그의 가설에 의하면 알레르기든 심장병이든 질병 대부분은 쥐들에게 관찰된 고통의 마지막 결과이며 이것을 질병중후군 혹은 스트레스라고 명명하기로 한 것이다.

또한 셀리에는 스트레스를 모든 부하 상태에 대한 세포조직의 반응으로 정의한 것에서 한발 더 나아가 실험 결과의 논리를 확대하고 일반화시켰다. 셀리에는 해로운 물질을 주입시키는 것뿐 아니라 고문이나 괴롭힘 거기에 더해 신체에 일어나는 모든 반응 그 자체가 스트레스라고 했다. 이 주제로 셀리에는 39권의 책과 1,700편에 달하는 방대한 논문을 썼으며 10차례나 노벨상 후보로 거론되었다. 셀리에는 전 세계를 누비며 강연했고 이제는 누구나 입버릇처럼 말하는 "스트레스 받아", "정말 심한 스트레스군", "스트레스는 정말 짜증나"라는 메시지가 세상에 퍼져 나갈 길을 터 줬다.

사실 셀리에가 죽은 다음에야 알려진 사실이지만 그는 막대한 부를 가진 어느 담배 회사로부터 큰 경제적 후원을 받았다. 담배 회사는 몸에 해를 끼치고 심장 질환과 암을 유발하는 데 있어 담배보다는 스트레스의 영향력이 더 크다는 그의 논리가 대단히 마음에 들었다.

이는 스트레스와 더불어 그로 인해 증가하는 심장병과 암 유발률을 연구하던 런던 위생열대의학대학원의 마크 페티크류(Mark Petticrew) 교수 연구팀에 의해 세상에 알려졌다.[13] 사실 셀리에의 논문들은 담배 산업의 변호인단이 제안해 작성되었고 그의 논문은 많은 영향을 끼쳤다. 후에 셀리에가 모든 반응이 우리를 아프게 하거나 궤양을 일으키지 않는다는 논문을 쓰고 이로운 스트레스와 해로운 스트레스 이론을 펴내기도 했지만 이미 너무 늦은 뒤였다. 온 세상 사람의 머릿속이 스트레스는 암과 병을 만든다는 생각으로 가득 차 버린 후였으니 말이다.

짜증나는 스트레스라는 개념의 메시지는 멈출 수 없을 만큼 퍼지고 말았다. 셀리에가 사망한 1982년을 기점으로 봐도 그의 논문의 거의 모든 나라에서 그들의 언어로 36만 2,000번 인용되었다. 스트레스라는 용어는 그렇게 왜곡된 일부분만이 전 세계로 퍼졌다.

죽기 전 셀리에는 자신이 너무나 커다란 실수를 저질렀음을 깨달았다. 그가 이 실험 결과의 용어를 생각하던 1936년, 셀리에의 영어 실력은 stress와 strain의 차이를 인지하지 못할 만큼 부족했다. 물리학에서 stress는 어떤 물체에 영향을 미치는 힘을 뜻하며 strain는 이로 인한 형체의 변형을 의미한다. 그러니 원래 그가 찾던 단어는 strain이었다. 결과적으로 셀리에 자신은 스스로의 행동에 전혀 스트레스를 받지 않았다. 그는 자신이 한 일을 이렇게 총평했다.

"나는 모든 언어에 새로운 단어를 선물했습니다. 스트레스라는 단어를요."[14]

암호명 스트레스

정확히 말해 스트레스는 존재하지 않는다. 그건 처음부터 오
해였다.

근본적으로 우리는 스트레스를 나쁘게 생각한다. 우리는 스
트레스라는 말의 내막을 전혀 알지 못한 채 영향을 받아 왔다. 많
은 용어 정의와 다양한 의미 여기에 원래의 용어로 다시금 잡으
려는 노력으로 스트레스는 가지각색의 형태로 바뀌면서 혼란스
러워졌다. 스트레스를 다루는 일은 머리 여러 개 달린 불가사의
한 히드라와의 싸움이 되어 버렸다. 머리 하나를 잘라 내면 새로
운 머리가 여러 개 생기는 히드라 말이다.

요즘에는 마라톤 달리기, 도로 정체에 시달리는 것, 아이스크
림 맛 고르기 같은 것들도 질병 혹은 전쟁과 다를 바 없이 모두

미안하지만 스트레스가 아니라

스트레스라 불린다. 만약 스트레스 뭐냐고 누가 내게 묻는다면 나는 이렇게 대답하겠다. "스트레스는 그저 우리 생각에 불과한 관점"이라고 말이다! 스트레스가 되는 상황은 우리가 부여한 생각에서 벌어진다. 우리는 이 생각이 커지도록 밥과 물을 준다. 심지어 이 생각들을 쓰다듬고 안고 지속하기까지 한다. 그렇다. 우리는 이 생각을 사랑하고 있다.

이 세상에서 스트레스라는 단어는 두려움의 암호명이 된 지 오래다. "나 지금 너무나 스트레스받고 있어"라는 말은 "나 지금 몹시 두려워"라는 뜻이다. 우리는 스트레스라는 말은 쉽게 입 밖으로 내뱉지만 자신의 두려운 마음 상태를 드러내기를 바라지는 않는다. 스트레스받는다는 말 이면에는 정말 전력을 다했고 모든 노력을 했다는 함의가 담겨 있다. 스트레스는 인정받고 싶은 바람을 전달하고 있다. 소진되었다는 것은 자신의 약점들로 인해 생긴 큰 두려움으로 더 이상 앞으로 나아갈 수 없다는 신호다.

두려움이 없어지면 스트레스는 신기할 만큼 빠르게 삶에서 사라져 버린다. 결과적으로 평안해지고 머릿속은 분명해지며 사고력은 완전해진다. 드디어 온전한 안전감을 느끼는 것이다. 이 안전감은 그 누구도 빼앗아 갈 수 없다. 스트레스 트라우마에 노출된 사람은 이런 안전감을 느끼지 못한다. 그들은 스트레스를 느끼는 순간 저항하고 공격적이 되고 때론 폐쇄성을 띤다.

스트레스를 없애고 싶다면 몸에 귀를 기울여야 한다. 그곳에 두려움이 숨어 있다. 우리 대부분은 몸이 한계에 다다랐다고 아우성을 칠 때려야 비로소 휴식을 취한다. 원형탈모증이나 우울증 혹은 다른 질환이 나타날 때라야 낙하산 줄을 당길 생각을 하는 셈이다. 신체적·심리적 한계를 지나치게 오래 간과하며 몸의 내적 체계에 주의를 기울이지 않는다. 참으로 무책임한 일이 아닐 수 없다. 우리는 그 정도를 자주 넘기고 중심을 잃어 왔다. 이때 스트레스라고 부르는 현상은 그런 일의 죗값이자 동시에 비상 탈출구가 된다. 거의 대부분의 산업이 이 스트레스를 등에 엎고 먹고산다고 말해도 과언이 아니다.

우리는 스트레스에 불평불만을 늘어놓지만 사실 곤경에 처했을 때 드는 감정은 두려움뿐이다. 실상 존재하는 것은 비판에 대한 두려움, 해내지 못할 것에 대한 두려움, 갖고 싶던 어떤 것이나 성취나 무언가를 잃어버릴 것 같은 두려움, 사랑받지 못할 것에 대한 두려움, 누군가와 비교해서 상대적으로 낮게 평가되는 것에 대한 두려움, 두려움, 두려움, 이 끝도 없는 두려움이다!

하지만 두려움은 견딜 수 있다. 이 스트레스라는 꼬리표만 없애면 그 속에 숨겨져 있는 진정한 감정의 문제를 풀어내는 일은 어렵지 않다. 스트레스라고 불리는 이것—그러니까 두려움과 압박과 긴장감—은 인간 개인을 벗어난 그 어디서도 찾아볼 수 없다. 다시 한 번 말하지만 세상에는 스트레스라는 게 존재하지 않는다! 당신에게 스트레스를 주는 사람은 없다. 그런 힘은 외부 세

미안하지만 스트레스가 아니라

계에 존재하지 않는다. 오직 스스로 스트레스를 만들고 느끼고 간직하고 고통스러워하는 것이다. 이건 전적으로 당신 반응이다. 그리고 이런 반응들은 딱 세 가지 영역에서만 나타난다.

사고(2장)

감정(3장)

신체(4장)

그 이상은 없다. 그러므로 우리는 바로 여기서 두려움과 압박들을 해결해야 한다.

세 가지 측면은 장마다 다뤄질 것이며 그곳에서 우리가 뛰어들 나만의 새로운 경험과 세계들이 열릴 것이다. 이 세계들은 고유한 자기 법칙으로 돌아가고 있다. 사고와 감정 그리고 신체는 서로 완전하게 연결되어 있으며 동시에 기능하고 있다. 한 개의 측면에 변화가 생기면 다른 쪽도 무조건 함께 변화하는 유기성을 갖고 있다. 생각을 달리하면 감정과 몸 상태도 달라진다. 바꿔 말하면 몸을 자유롭게 하면 머리도 자유로워진다는 뜻이다.

이제 스트레스라는 물집을 터뜨려 버리자! 이 스트레스란 말이 우리 일상용어들 속에서 완전히 없어지는 것에 나는 찬성한다. 이 스트레스란 용어는 연구가들에게나 줘 버리고 일상에서는 땅속에 이 용어를 묻어 버리자. 암호 없이도 우리는 멋지게 빠져나올 수 있다. 고통이 어디서부터 시작되는지 이번에 분명히 알아내자. 크고 작은 두려움을 풀어 버리고 위협적인 요소들을 도전적인 요소들로 변화시킬 수 있다. 그로써 자신에게 숨겨졌던 비밀들을 찾게 될 것이다. 우리가 갖는 감정에 책임을 지고 삶의 도전적인 사건들을 사랑하는 법을 배우게 될 것이다. 압박을 경험하고 그러한 압박들을 제거하고 연대의식을 강화하게 될 것이다.

내 몸에 대한 신뢰를 바탕으로 지금의 자신을 넘어 한 단계 더 성장할 수 있다. 어제까지 스트레스였던 것들에 내일은 웃게 될 것이다. 흰머리와 주름을 갖게 된 어느 날 오늘을 되돌아보며 이렇게 말하게 될 것이다.

"편하게 해. 그렇게까지 나쁘진 않을 테니까."

한 가지는 분명하다. 우리가 원하든 원하지 않든 인생은 계속된다. 그렇기에 나는 여러분과 이 찹쌀떡같이 달라붙어 있는 단어를 함께 빼내려 한다. 더는 스트레스를 받지 않는다는 것에 큰 흥미가 생기지 않는가? 실제 함께하는 것들—불안이나 압박이나 두려움—에 대해 이야기할 수 있다는 게 정말 멋지지 않은가? 지금부터는 이 스트레스란 단어에 그 어떤 의미도 부여하지 말자. 순전히 습관 때문에 이 단어가 이따금 입 밖으로 뱉어지면 마음속으로 웃어 버리자. 우리는 고요한 변화를 불러일으키는 것이다. Goodbye STRESS!

2장

사고 영역

미안하지만 스트레스가 아니라

슬로모션

딱 한마디.

"응급차를 불러요!"

노련한 산파의 이 말 한마디는 분명하고 단호했다. 아들은 시퍼런 얼굴로 세상에 나왔다. 탯줄은 목을 세 번 감고 있었고 매듭이 지어져 있었다. 아이는 죽은 듯 보였다. 아빠가 황급히 전화기로 달려가고 산파가 산소호흡기를 가져오는 동안 내 머릿속에는 아이가 출생의 순간부터 죽음의 갈림길에 섰다는 생각이 스쳤다. 이 순간을 나는 기절한 듯 현실과 형언할 수 없을 만큼 멀리 떨어져 초인식 상태로 경험했다. 모든 것이 초연했다. 어떤 생각도 들지 않았다. 모든 게 슬로모션으로 일어나는 것만 같았다. 아이를 안아 숨을 불어넣는다. 내 입술과 아이의 입술을 맞댄다. 그리고 숨을 내쉰다. 그 찰나 아이의 커다랗고 까만 눈이 살포시 떠 신다. 그 눈은 나를 바라본다. 나는 우주 비행사들만이 겨우 경험할까 말까 한 우주의 모습을 순간 본 듯했다. 숭고함. 고요함. 지극히 경건함. 나는 그 아이의 길들여지지 않은 순수한 영혼을 들여다보고 있었다. 아이가 숨을 쉰다.

죽음을 겨우 넘겨 본 적이 있는가? 차 밑에 사람이 깔려 자동차를 들어 올려 본 적은? 살면서 죽음에 대한 두려움이 진짜 무엇인지 느껴 본 사람은 극히 드물다. 이게 무엇인지 아는 사람들은 보통 이렇게 말한다.

"모든 게 슬로모션 같았어요."

"꿈같았죠."

"주위 사람들뿐 아니라 다른 모든 것도 동시에 지각할 수 있었어요. 어떤 감정도 느끼지 못했어요. 부드럽고 광대한 느낌이랄까!"

이들은 외과 의사나 예술가들이 잘 알고 있는 몰입 상태에 관해 이야기한다. 어떤 생각, 어떤 감정도 없이 그저 명백한 행동만이 존재하는 상태. 이성과 더불어 잘 갖춰진 생각들은 분리된다. 정신은 신체를 벗어나 커져 나간다.

"뛰고 있었는데 내 몸 안에 있는 것 같지 않았어요."

"어떤 고통도 느끼지 못했어요. 정신이 몸을 빠져나갔다는 것

미안하지만 스트레스가 아니라

만 깨닫고 있었죠."

이 사람들이 경험한 것은 우리 생각이 매일같이 만들어 내는 불안과 정반대다. 생각이 없으면 불안을 느낄 수 없다. 대신 광대함과 에너지, 연대감을 경험한다. 초월적 경험 상태에서는 자동으로 생각은 분리된다. 이성의 불은 꺼지고 그 무언가가 자리를 꿰차고 앉는다. 생존본능 그 이상인 것이다. 자기 자신에 대한 특별한 경험이며 깊은 인상을 남김과 동시에 삶에 대해 지금껏 갖고 있던 관점 역시 바꿔 버린다.

이런 경험은 죽음보다는 삶과 훨씬 더 관련 있다. 어떤 일에 완전히 빠져 몰두해 있을 때도 이와 비슷한 경험을 한다. 그저 지금 하고 있는 일만 생각할 뿐이다. 그리던 그림 또는 하고 있는 운동과 하나가 되어 버린다. 조깅을 즐기는 이들은 달릴 때의 황홀감을 잘 알고 있다. 요가와 명상 수련을 하는 사람들도 이런 상태를 바라며 연습하고 때때로 성공한다. 당신이 집중하고 있는 무언가와 물아일체가 되면 다른 생각들은 더는 떠오르지 않게 되고 방해하지 않는다.

일상에서 우리는 생각과 함께한다. 자기의 생각이야말로 세상의 중심이고 주인이라 믿기에 많은 사람이 생각하지 않는 상태를 두려워한다. 하지만 생각을 하지 않을 때 우리는 대체로 행복하다.

상상력 낭비

죽음에 대한 두려움은 사고 장면을 계속 떠올릴 때 생겨난다. 가령 자동차 사고를 당한 경험이 있다면 그 장면을 머릿속에서 지워 버리지 못하는 거다. 위협의 순간은 현실에서 이미 지나간 지 오래지만 머릿속에는 그대로다.

이처럼 잘못된 두려움은 불안한 생각에서 비롯된다. 앞으로 살펴보겠지만 인간은 일어나지도 않은 사건들도 기억할 수 있다. 과거 또는 미래를 그려 보는 것은 우리를 구석으로 몬 다음 골똘히 생각에 빠지게 하고 긴장감에 사로잡히게 만든다. 일어났을 법한 것들 혹은 앞으로 일어날 수 있는 온갖 좋지 않은 것들을 모두 생각해 낸다.

물론 이 중에 실제로 겪거나 발생한 건 없다. 그저 우리 머릿속에서 일어나고 있을 뿐이다. 하지만 이런 위협 상황에도 우리 몸은 반응한다. 공포를 유발하는 생각과 장면들은 여기에 기름을 붓는 꼴이다. 그러나 우리는 멈추는 법을 모른 채 계속 반복하며 살고 있다. 이 때문에 신경계는 위협에 대한 반응에 고착되어 버리기 일쑤다. 몸과 머리 모두에서 야단법석을 떠는 것이다. 이 얼마나 심각한 상상력 낭비인가!

당신을 괴롭히는 두려움의 대부분은 당신의 상상으로 일어난

다. 99퍼센트는 살면서 절대 일어나지 않을 일들이다. 당신이야
말로 이야기를 만들어 내는 데 천재다. 이런 상황에서 어떤 조치
도 하지 않으면 잘못된 두려움들이 끝도 없이 생겨난다. 우리는
있지도 않은 위험들에 떨며 삶을 통제하기 위한 전략들을 짜낸다.
그렇게 우리의 생각과 감정과 행동들은 잘못된 두려움에 사로잡
히게 된다. 깊고 진정한 평온 상태와는 정반대의 상황이다.

깊고 온전한 평온 상태는 세상에서 가장 용감한 일이다. 왜냐
고? 두려움이 뚜벅뚜벅 내게 걸어와 나를 잡아당기는 순간에도
끄떡없이 확고부동하게 내 정신을 지킨다는 뜻이기 때문이다.

네가 바라는 것 모두
두려움 건너편에 있어

두려움에 관해 케티 셀리(Katty Salie)가 들려주는 멋지고 환상
적인 이야기를 들어 보자. 셀리는 독일의 유명 TV 쇼 프로그램
여성 사회자다. 그녀는 인간적으로 멋진 인상을 풍기는 사람이
다. 두려움에 관한 주제들을 몇 번이고 다뤘고 죽음에 관한 르포

를 만들며 그들의 마지막을 동행하기도 했다. 한마디 덧붙이면 그녀는 이미 이 책에서 소개하는 모든 것을 경험한 고수다.

케티 셸리: 우리 집 냉장고 문에는 이런 글귀가 걸려 있어요. 'Everything you want is on the other side of fear(네가 바라는 것은 모두 두려움 건너편에 있다).' 거기를 넘어가면 얻을 수 있죠. 하지만 우선은 거기를 넘어가야만 해요.

나:　　　그게 뭔가요? 두려움의 건너편에는 뭐가 있나요?

케티 셸리: 예를 들면 신뢰죠. 제게 있어 신뢰란 고민 없이 걸어
　　　　　가는 거예요. 크게 다칠 거란 두려움 없이 그냥 넘어
　　　　　질 수 있는 거죠.

나:　　　두려움 없이 어떻게 걸어갈 수 있나요? 그보다 우선
　　　　　한 단계 되돌아가서 두려움이 뭔가요?

케티 셸리: 두려움은 지나치게 많은 생각이에요. 좋지 않은 일이
　　　　　내게 일어날지 모른다는 생각이죠. 그 길 한가운데 서
　　　　　있는 것 그게 두려움이죠. 하지만 사실은 어떤 일도
　　　　　일어나지 않았어요. 거의 일어날 가능성도 없고요.

나:　　　개인적으로 가진 두려움이 있나요?

케티 셸리: 종종 저는 비행기를 타는 게 두려워요(웃음). 그런데
　　　　　전 정말 자주 타고 다녀야 하거든요.

나:　　　비행기 공포증이요?!

케티 셸리: 제 엄마 때문에 생긴 거죠. 엄마는 흔히 이렇게 말했어요. '뭐라고? 클럽에 갈 거라고? 길이 완전 미끄럽다는 것 잘 알지?' 그러곤 이렇게 덧붙였죠. '차 사고라도 나면 죽을 수도 있어. 걷다가 넘어지거나 미끄러질 수도 있고. 또 사고가 날 수도 있고. 그럼 다리가 부러질 수도 있는 거야.' 뭐, 이런 식이었죠. 차를 타고 가는 내내 심장이 엄청나게 뛰었어요. 친구와 차를 몰고 가면서도 번번이 대화에 집중하지 못했어요. 이렇게 생각하고 있었거든요. '저 뒤에는 엄청 좁은 커브 길이 나와. 그리고 엄마가 말한 가로수들이 거기에 있어. 이제 사달이 날지도 몰라. 이제 사달이 날 거야. 길이 너무 미끄러우니까.'

요즘엔 비행기를 탈 때 종종 그래요. 내가 죽을 수도 있다는 걸 알아요. 내가 죽을 수도 있다는 걸 늘 인지하고 있죠. 비행기가 떨어질 수 있다는 것도 알아요. 하지만 이런 생각들이 머릿속에서 정리되기도 전에 이미 그 전날부터 두려움이 스멀스멀 올라와요. 비행 전날에는 배가 아프고 기분도 좋지 않고 아주 흥분해 있어요. 온몸은 긴장되어 있고요. 여기에 이제 이것저것 집어넣기 시작해요. 부정적인 감정과 생각 모두를요. 가끔은 택시 안에서부터 눈물이 고이기도 해요. 공항에 도착하면 조금은 나아지죠. 더는 내가 할 수 있는 게 없으니까요. 곧 비행기를 타게 될 테니까…. 최근엔 그렇지 않아요! 더는 그렇지 않다고 확실하게 말할 수 있어요. 이미 그 전날 길모퉁이 가로수 길을 모두 돌아 버리거든요. '만약 그렇다 한들 뭐 어떤데?' 라고 생각해 보죠.

나: 무엇을 하시는데요?

케티 셸리: 가장 중요한 게 뭔지 아세요? 그 무언가가 나를 향해 뛰어드는 그 순간 저는 그 무언가가 나를 향해 뛰어드는 그 모습을 똑바로 봐요! 바로 그거예요. 어떤 어려움이든 두려움이든 나를 향해 뛰어드는 것 같을 때 나만의 보호막으로 나를 둘러싸 놓는 거예요. 그러면 그 무언가는 나를 향해 돌진해 오다 보호막에 꽝!하고 부딪히고 말아요. 그러고는 보호막과 터지고 말죠. 전 이런 느낌을 즐기고 있어요. 이제 모든 걸 더 쉽게 대면할 수 있어요. 이 보호막이 결국엔 저만의 두려움 극복법이 된 거죠. 두려움을 극복하는 보호막은 의식적으로 호흡을 가다듬는 훈련을 통해 누구나 만들 수 있어요.

나: 어떻게 호흡을 하나요?

미안하지만 스트레스가 아니라

케티 셸리: 손을 배 위에 얹고 호흡을 느껴요. 나는 살아 있죠. 그
리고 삶은 나를 사랑해요. 제가 주로 하는 방법은 생
각들에 질문을 던지는 거예요. 그게 오는 게 보여. 그
게 나에게 부딪히면, 내 어깨 위에 앉으면 어떨지 나
는 알아. 그게 나를 아래로 잡아당기면 어떨지 나는
알지. 하지만 내 보호막과 부딪히게 될 거야. 그러면
나는 아주 조심스럽게 말하겠지. "싫어!"라고.

━━━● 1분 이상 두려워할 수 없는 이유, ～～～ 그런데도 두려워하는 이유

근본적으로 당신은 1분 이상 화가 나거나 불행하거나 괴로워
할 수 없다. 두려움·화·슬픔과 같은 감정들은 눈 깜짝할 사이에
몸을 빠져나가기 때문이다. 사실 1분은 아주 긴 시간이다. 어떤
감정을 계속 유지하려면 고통스런 생각들로 끊임없이 불을 지펴
야만 한다. 그렇지 않고는 불행한 생각에 계속 머무를 수 없다.
늘 같은 생각과 행동 방식에 우리 인간은 집착하는 성향을 보

인다. 긴장감, 꽉 막힌 것 같은 압박감 역시 매일 불러내는 감정이다. 어릴 때 학습했고 커서도 의식하지 못한 채 계속 반복해 왔을 뿐이다. 비행 전날, 집에서 편안하게 침대에 누워 있어도 비행기가 추락하는 모습을 상상하며 복통을 느꼈던 케티 셀리처럼 우리는 모두 어떤 특정 상황에 두려움을 갖고 있다. 모든 가능한 상황을 바닥에 깔고 앉아 두려움을 느낄 수밖에 없는 위협적인 시나리오를 가지고 매일 조금씩이라도 연습을 하고 있다. 평상시에는 전혀 느끼지 못하겠지만 사실이다.

우리는 우리 스스로를 더 자유로워질 수 없게 긴장되고 때론 압도되어 버리도록 만든다. 도로가 정체되거나 계산대 줄이 길거나 아이들이 정신 사납게 굴거나 연인 간 또는 직장에서의 갈등 관계처럼 지극히 평범한 상황들 속에서도 말이다. 화가 점점 올라오고 목이 조여 오는 것 같은 느낌이 들면 정신을 차리려고 온갖 방법을 떠올린다. 하지만 긴장 상태에 발이 묶여 버리고 만다. 그러고는 우울하고 두려운 생각들로 이 상황을 더 키워 간다.

이것들을 알고 저지르고 있는 걸까? 아니다. 우리는 좋지 않은 긴장 상태로 이렇게도 오래 머무는 이유를 알지 못한 채 일종의 정신적 불규율(不規律)로 반사작용처럼 얽혀 있다. 그렇게 아무런 인지도 없이 사는 내내 연습을 반복해 오고 있었을 뿐이다. 예를 들어 보자. 전화벨이 울린다. 화면에 상사의 전화번호가 보인

미안하지만 스트레스가 아니라

다. 이제는 피할 수 없다.

'젠장, 뭘 또 시키려는 거야! 계획을 수정하려는 거겠지. 그럼 나는 곧장 모든 걸 다시 조정해야 할 테고. 자기가 도대체 뭐라도 되는 줄 아나 봐! 늘 일을 만들어. 그래야 직성이 풀리나 봐. 제 기분 하나 때문에 이 많은 사람이 움직여야 하냐고! 그래도 나는 모든 게 잘 돌아가게 해 놓아야 되겠지. 웃어야 할 테고. 아! 이 사람 정말 달 끝까지 확 차 버렸으면 좋겠어.'

생각은 여과 없이 계속 올라오는 중이다. 순식간에 화 · 분노 · 자기 연민 · 부당함 같은 감정이 든다. 아직 전화는 받지도 않았다. 그런데도 감정들은 신체적 증상들을 일으키고 있다. 심장이 뛰고 혈압이 오르며 호흡이 빨라진다. 근육들이 뭉치고 땀이 나기 시작한다. 이미 싸울 태세다. 엄청난 압박을 받으며 전화기를 집어 든다. 이때 수화기 너머에서 들리는 내용은 이렇다.

"1시에 점심 먹으러 갈 건데 같이 갈까?"

일어나지도 않은 한 편의 드라마! 그저 우리 머릿속에서만 상영된 영화다. 지극히 일상적인 광기. 핸드폰 화면에 나타난 몇 개의 숫자를 봤을 뿐인데 심리 상태는 180도 달라졌다. 그 순간 우리 뇌 속 운전기사가 핸들을 틀고 현실을 망각하게 만든다. '이제 압박 · 두려움 · 긴장을 만들어 보자!'

위협적인 반응은 우리 머릿속에 들어 있는 필름을 과거와

미래 사이, 이리저리 감는 그 찰나에 일어난다.

"그는 줄곧 그렇게 해 왔잖아. 또 그럴 거야."

의식적이든 무의식적이든 우리는 그 사람이 어떤 일을 해내라고 독촉한 순간 모두를 기억한다. 과거 경험을 미래 시나리오에 집어넣어 내면의 스크린에 투사시킨다. 예전에 있었던 것들 그리고 앞으로 일어날 것들을 머릿속에서 생각하고 그림을 그린다. 우리는 머릿속 상영관에 자리를 잡고 정말로 끔찍한 공포 영화를 본다. 인간은 꿈꾸기에 고통받는다. 상사가 문제가 아니다. 그는 거기 있지도 않았다. 전화기 너머 그가 하는 말을 아직 듣지도 않았다. 이 뒤죽박죽 감정들을 만들어 낸 건 우리 자신의 머릿속 생각들과 그림들이다. 왜일까? 우리는 이런 상상을 현실보다 더 믿기 때문이다.

머릿속 운전사

바로 여기에 해결책이 있다. 우리 몸은 머릿속에서 상영되는

미안하지만 스트레스가 아니라

영화에 반응하고 진짜 현실이라고 받아들인다. 앞의 예에 비교하면 '자기가 뭐라도 되는 줄 아나 봐'처럼 안경을 끼고 세상을 바라보면서 자신이 보는 걸 전부라고 여긴다. 이 제한된 시선으로 우리는 그저 아주 조그마한 감정 속에서만 가능한 결론을 내린다. 자신이 받은 위협에만 반응하며 머릿속 운전사는 모든 것을 뛰어넘는 왕이 되어 버린다. 무엇이 옳은지는 이미 결정되어 버렸다. 그러니 묻지 않는다. 그렇게 급하게 결론짓고 반응한 게 정상이라고 생각하니까. 하지만 사실은 그렇지 않지 않은가? 그저 일이 나쁘게 만든 것뿐 아닌가!

이런 생각과 견해가 우리를 불행하게 만드는 주범이다. 더불어 이런 상상들은 에너지를 닥치는 대로 잡아먹는다. 이제 어떻게 해야 할까? 다른 사람은 변화시킬 수 없다. 하지만 말도 안 되는 운전기사를 뇌에서 쫓아내 버릴 수는 있다. 흥미진진하고 홀가분해질 것 같지 않은가? 우리에게 필요한 건 현실 지각과 사실 확인이다.

우리는 블라우스에 구멍이 났거나 바지에 얼룩이 묻으면 그
옷을 입고 밖에 나가지 않는다. 하지만 자신이나 다른 사람에 대
한 얼룩진 생각을 품고는 잘도 돌아다닌다. 생각은 우리가 믿기
시작하면 거름망 없이 대번에 올라와서는 머리와 몸을 우울하고
갑갑하고 진저리 나는 상태로 만들어 버린다. 생각이 달아나면
그 상태도 없어진다. 어느 한순간 세상은 너무 멋져졌다가 어느
한순간 직장 누군가의 부정적인 말 한마디로 금세 괴로워지지

미안하지만 스트레스가 아니라

않던가! 그러다 누군가 입에 침이 마르도록 칭찬을 해 오면 금세 행복해진다.

부처님은 이런 상태를 몽키 마인드(Monkey Mind)라고 했다. 불교의 심원의마에서 비롯된 말로 원숭이가 이 나뭇가지에서 저 나뭇가지로 옮겨 가는 것처럼 하나의 생각을 끝마치기도 전에 이미 다른 생각을 부여잡고 이동하는 걸 뜻한다. 끝없이 넓은 정글을 통제도 없이 돌아다니는 원숭이처럼 우리의 생각도 제정신이 아닌 듯 뛰어다니고 있다.

라라랜드

우리가 겪은 일들에 대해 종알종알 이야기해 대는 머릿속 목소리들을 믿으면 곤경에 빠지게 된다. 우리 안의 그 무언가는 자장가를 부르고 때로는 우리를 유혹하고 때로는 불평불만을 늘어놓다 자책한다. 오래되고 불쾌한 압박감과 긴장감 속으로 우리를 끌고 들어간다. 중요한 뭔가가 위험에 빠진 듯한 상황이면 이전의 두려움들이 올라온다. 두려움은 과거 혹은 미래로의 투사

겁이 난 겁니다   95

다. 어떤 일이 일어났거나 일어날 수도 있다. 방아쇠는 당겨졌다. 예고도 없이 영화는 시작되었다. 머릿속 영화는 바로 시작하더니 곧장 본론으로 들어간다.

이 순간부터 우리는 라라랜드, 환상의 나라에 들어선다. 낮에도 내내 몽유 상태로 내적 경험과 현실을 혼동한다. 주변 사람들은 우리의 망상을 아주 잘 알아차릴 수 있지만 정작 자신은 우리를 다그쳐 대는 페르소나에 사로잡혀 있다. 스크린에 보이는 이야기에 우리 자신을 동일시하고 팔걸이에 자신을 꼭 붙들어 맨다. 그사이 압박은 점점 더 커져만 간다. 생각의 소용돌이에서 빠져나올 수만 있다면 다시금 정신을 차려 자유롭고 명확해질 텐데…. 우리를 압박하는 건 그 상황이 아니라 이에 대한 우리의 판단 즉 내면의 영화임을 깨달을 수 있을 텐데….

당신의 머릿속 영화를 한 번 들여다보자. 어떻게 해야 볼 수 있냐고? 엄청 쉽다. 당신이 잘 아는 생각들 가운데 전혀 위험해 보이지 않는 것 하나를 떠올리면 된다. "시간이 없어!"를 예로 삼아 보자. 시간에 쫓겨 초조해 한 마지막 경험을 떠올려 보자. 이제 내가 당신에게 뼈다귀 하나를 던져 줄 텐데 아주 맛있게 물어 주길 바란다. 몇 분 안 걸리는 연습이니 꼭 해 주길 바란다. 오늘 혹은 지난주에 있던 일이어도 좋다. 몇 년이 흘렀지만 기억 속에 특별하게 남아 있는 순간도 좋다. 방금 우리가 당신의 비밀스러운 영화관 안으로 들어왔다는 것만 기억하라.

처음에는 많은 것을 알아차리지 못한다. 우선 어두컴컴함에 눈이 익숙해져야 한다. 그리고 나면 시간의 촉박함을 경험한 기억들 속으로 들어가게 된다. 정말로 압박을 느꼈던 때를 이제 하나 골라 보자. 이제 우리는 영화가 상영되는 곳에 들어왔다. 전혀 눈치채지 못했겠지만 당신은 어느새 영화관 좌석에 편안하게 앉아 함께 긴장하고 있다.

기억은 믿을 게 못 된다. 생각을 믿으면 기억은 다중 감각적으로 변한다. 긴장되고 호흡은 얕아지며 점점 더 불안하다. 몸은 그 상황을 실재처럼 경험한다. 머릿속 생각이나 상상을 실재라 느끼고 영혼의 눈으로 보게 되면 다시 말해 이런 생각이나 상상이 다중 감각적이 되면 뇌에서는 실제 상황에서처럼 똑같은 혹은 아주 유사한 반응들이 나타난다. 우리 뇌는 믿을 만하다 싶으면 실재와 상상에 어떤 차이도 두지 않는다.

이 논리를 심리학자 율리아 쇼우(Julia Shaw)는 끝까지 주장했다. 그는 2015년 특별한 실험 연구를 통해 우리의 기억이 얼마나 믿을 게 못 되는지를 증명해 냈고 이후로 '기억 해커'란 별명이 생겼다. 그녀는 위법행위라고는 전혀 해 본 적 없는 학생들에게 암시적 질문을 던지는 것으로 학생들이 위법 행위를 실제 한 것마냥 아주 분명하게 기억해 내도록 만들었다.

그러니 기억에 의지해 슬프거나 화나거나 무기력하게 만든 오래전 기억들을 계속해서 이야기할 때 어떤 일이 벌어질지 생

각해 보자. 매번 고통과 슬픔을 경험하는 것은 물론이고 실제 일
어난 장면과 조금씩 달라질 거다. 스스로 기억이란 행위를 통해
이야기를 바꾸고 주변 사람들까지 이 기억에 합세헤 이야기를
변화시킬 수 있다.

〔 **Mind-Shift 10** 〕

시간이 촉박하다. 예상하건대 어쩌면 늦을 수도 있다. 당
신의 감정과 신체는 일순간 반응을 시작한다. 그 반응의
근원은 과거 기억 어디서 왔을까?

당신은 어디에 있는가? 집? 사무실? 길가 또는 도로 한
복판? 서 있는가? 앉아 있는가? 아니면 지금 막 몸을 일으
킨 상태인가? 혼자 있는가? 누군가와 함께인가?

어떤 생각을 하고 있는가? 어떤 감정이 느껴지는가? 분
노? 화? 두려움? 걱정? 실망?

당신의 몸은 어떻게 반응하는가? 신체 어느 부위에 압
박이 느껴지는가? 지끈거림? 땀? 심장박동?

당신은 어떻게 행동하는가? 그 기억과 지금을 얼마나
연결 짓고 있는가?

미안하지만 스트레스가 아니라

UFO와 부딪혔어요

수잔네는 동생 토비가 이자르 강에 빠졌던 순간을 정확하게 기억하고 있다. 그녀는 아주 어렸지만 동생이 물에서 끄집어내지던 그때 자신이 분명 함께 있었다고 확신했다. 그 장면을 그녀는 아무 문제없이 펼쳐 보일 수 있었고 그때 느꼈던 두려움과 무기력함 역시 생생하게 기억해 낼 수 있었다.

그녀는 상담이 끝난 뒤 엄마와 그때의 일에 대해 다시 이야기를 나눴다. 놀라운 사실은 그녀가 현장에 있지 않았을 뿐 아니라 그 시간에 집에서 잠을 자고 있었다는 거였다. 거기다 더 놀라운 건 토비는 이자르 강에 빠진 적도 없다는 거였다. 이 얼마나 다행인가! 동생 토비는 하마터면 물에 빠지는 큰일을 당한 사람이 될 뻔했다. 말했다시피 기억이란 참 믿을 게 못된다!

이렇듯 실제로 일어나지 않은 일을 일어난 것처럼 느끼고 생각하는 일은 상상에 불과하다. 그 상상으로 당신의 정신과 뇌를 포함한 신체와 감정들을 병들게 하면 되겠는지 생각해 보라. 상상력은 쉽지만 아주 강한 영향력을 발휘한다. 압박과 무기력을 실제로 일으킬 만큼 말이다.

우리는 완전히 정신이 나간 것마냥 좋지 않은 것들을 거듭 반복해서 생각하고 예전의 행동과 사고방식들을 더 단단하게 단련시킨다. 하지만 우리가 의식을 불러들이는 순간 이 모든 연쇄적인 반응들은 분명히 달라진다. 새로운 경험을 쌓고 새로운 길로 나아가고 새로운 것을 알게 된다. '나는 시간이 없어'라는 오래된 믿음조차 순식간에 뒤집혀 버린다. 대신 '나는 언제나 시간이 충분해'라는 생각을 하고 믿을 수 있는 근거들을 발견하기 시작한다.

지금까지 '나는 시간이 없어. 생각할 것도 많고 바쁘거든'이라고 생각해 왔는가? 마치 다니엘 크레이크는 자기 집에서 두 다리 쭉 뻗고 차를 마시는 동안 온갖 일로 뛰어다니는 제임스 본드처럼 살고 있지는 않았는가? 당신의 영상들은 현실이 제대로 반영되어 있지 않은 것들이다. 상상의 일부 장면에 불과하고 그저 당신과 닮은 사람을 봤을 뿐이다. 오히려 당신은 잘 지내고 있지 않은가? 적당히 쉬고 TV도 실컷 보며 말이다. 어려움도 마찬가지다. 당신은 이미 극복했고 그 일들은 이미 지나갔다. 왜 계속 붙잡고 있으려고 하는가?

어떤 생각이나 상상을 믿으면 몸에서는 화학반응이 일어나고 다시금 일련의 연관된 감정을 끌어낸다. 이 감정들은 몸의 특정 부위를 자극하고 감각적 반응으로 유발시킨다. 계속된 순환과 반복으로 힘은 더 커지고 생각과 상상을 신뢰하며 자신 있게 만든다.

사람들은 보통 화를 배에서 느낀다. 슬픔은 가슴에서, 두려움

미안하지만 스트레스가 아니라

은 명치에서, 무기력함은 머리에서 느낀다. 선택의 자유는 놓친 채 반복적인 자극을 더할 뿐이다. 그저 잭 인 더 박스(jack in the box: 뚜껑을 열면 용수철에 달린 인형 등이 폴짝 튀어나오게끔 만들어진 장난감 상자)처럼 자동으로 반사할 뿐이다.

우리가 옳다고 그렇게 알고 있기에 지금 내 현상에는 의문을 품지 않았다. 그게 진실이 되었다. 슬픈 사실은 예전의 일을 떠올릴 때만 상상 속에 머무는 게 아니라 지금 현재 내가 인정하고 싶지 않은 것들을 경험할 때도 상상 속에 머물게 된다는 것이다. 압박을 느낄 때도 사실은 상상 속에 있는 것이다. 마치 도로 정체 상황에서 느끼는 이런 공포들처럼 말이다.

- 젠장, 너무 늦었어!
- 그들은 나를 뭐라고 생각할까?
- 이렇게 하지 말았어야 했는데!
- 더 일찍 일어났어야 했는데!
- 모두 망했어!
- 못해!
- 난 형편없어!
- 내 잘못이야!
- 시간이 더 필요해!
- 면접은 왜 이렇게 일찍 있는 거야?!

- 그들 잘못이야!
- 그들은 화가 났겠지?
- 그늘은 나를 싫어할 거야!
- 이 일은 못 얻을 거야!
- 여기서 벗어나고파!
- 거리에 나앉겠지!
- 다 부질없는 짓이야!

이렇게 한 편의 공포 영화가 완성된다. 이미 도로 정체 문제가 아니라 그 상황에 대한 우리의 판단이 문제다. 하지만 몸은 '시간이 없어!'라는 생각처럼 압박을 느낀다. 우리 안의 뼈다귀들은 당신이 물기를 바란다. 다 낡아빠진 뼈다귀를 우리 발밑으로 던지고는 끝도 없이 장면을 연상시키는 상상과 두려움이 문제다.

(**Mind-Shift 11**)

자, 현실과 라라랜드의 차이점은 무엇인가?

현실은
정체된 도로 위 자동차 안에 있다.

미안하지만 스트레스가 아니라

정체된 도로 위 자동차 안에 있다. 끝.

정체된 도로 위 자동차 안에 있다. 더는 없다.

정체된 도로 위 자동차 안에 있다. 사건은 없다.

이렇게 되면 우리는 늘 완전히 자유롭다. 세상과 하나가

된다. 삶의 멋진 순간을 느낀다!

우리를 현실에서 빼내어 꿈속으로 데려간 뒤 이 꿈을 무조건 악몽으로 변화시키는 모든 생각, 매 순간 삶의 재미를 느끼는 걸 방해하는 두려움. 두려움은 미래를 넘겨다보는 투영의 결과다. 투영하지 않으면 두려움은 생기지 않는다.

세계적으로 명성 있는 영성인, 바이런 케이트(Byron Katie)는 사람의 존재 상태를 앉거나 서거나 누워 있는 세 가지로 아주 간단히 통합시켰다. 케이트는 수년간 우울증, 섭식 장애, 알코올 사용 장애를 앓았다. 스스로 너무 가치 없는 존재라고 여겨 침대가 아닌 바닥에서 잠을 잤다. 그녀는 어느 날 잠에서 문득 깨어나 자신의 아픈 생각들을 믿으면 자신도 그저 아파하게 된다는 사실을 깨닫게 되었다. 그렇게 생각하지 않으면 행복하다는 사실을

경험했다. 그녀의 상황이 아닌 생각들이 문제였다. 그 후 그녀는 간단한 자기 인식 시스템을 고안해 냈는데 후에 이 방법은 마치 도화선의 불씨처럼 사방으로 퍼져 나갔다. 그녀가 고안한 방법은 자신의 생각들에 질문을 던지는 거였다. 그로써 슬픔에서 벗어날 탈출구를 찾아냈다.

우리는 생각하지 않거나 현실적으로 도로 정체에서 벗어날 탈출구를 찾아낼 수는 없다. 생각을 하는 뇌도 도로 정체도 실재니까. 하지만 어떤 반응을 보이는가는 100퍼센트 각자 성향에 따라 다르다.

최악의 경우도 물론 있다. 그래, 그 일자리를 못 얻을 수도 있다. 하지만 다른 경우도 일어날 가능성은 있다. 면접 순서가 밀리면서 오히려 오래 기다린 사람으로 좋은 인상을 남길 수도 있다. 면접이 취소되는 바람에 1주일 뒤 더 나은 일자리를 얻게 될지도 모른다. 커브를 돌 때 연료가 떨어져 비상착륙을 한 UFO와 부딪히는 사고를 당하게 되고 이 일로 전 세계적인 스타가 될지도 모른다.

무슨 말인지 이해하겠는가? 라라랜드! 상상! 그것은 압박과 복통과 두통을 유발한다. 그것도 완전히 무의식적으로!

머릿속 장면을 온전히 믿지 말라. 회전목마처럼 생각은 계속 돌아갈 뿐이다. 그저 걸림돌만 만들어 내고 말 것이다. 우리에게 있는 이 좋은 에너지는 사용도 하지 못한 채 말이다.

미안하지만 스트레스가 아니라

그럼 영화는
어떻게 끝 수 있을까?

의식하면 꿈꾸는 것을 멈출 수 있다. 누구든 할 수 있다.

사는 동안 우리의 정신은 자신을 주인공이나 슈퍼스타로 만드는 데 전념했다. 자신에게 주어진 소임들을 완벽에 가깝게 해내는 진정한 스타로 만드는 일 말이다. 기억은 생각이다. 이렇게 오래된 나쁜 습관들과 하루를 시작한다. 하지만 이제 여러분도 알다시피 기억은 믿을 게 못 된다. 생각은 매일 왔다가 가 버린다. 그런데도 대부분이 생각되는 사람을 나와 동일시한다.

생각하는 자=나

그게 나다. 내가 생각한다. 내 생각들이다. 나는 나와 이야기하고 있다. 하지만 생각하는 그게 나라는 걸 어떻게 알지? 예를 들면 확실하게 오늘 한 번도 생각하지 않았던 것을 지금 당장 생각해 낼 수 있다. 나에게 손을 흔드는 우스꽝스러운 두더지! 지금 막 생각했고 그 장면을 머릿속에 떠올렸다. 그러니까 나는 이 생각의 창시자다. 그런데 이걸 우리와 똑같다고 생각할 수 있을까? 그럼 생각하지 않으면 나는 누군데?

생각하는 자-생각=?

그래도 여전히 나인가? 지금 내 생각들에 어떠한 믿음도 주지 않는다고 해도 여전히 나 자신일까? 생각이 없는 상태의 나는 누구일까? 기억상실증에 걸린다면 그때의 나는 누구지? 뇌를 다치면? 그래도 나란 존재가 있긴 할까? 아님 나는 이제 존재하지 않는 걸까? 우리는 생각하는 자이자 생각인가?

생각하는 자+생각=나

아닌가?

도와줘, 누가 '나'야?

이 '나'를 조금 더 자세히 살펴보도록 하자. 나는 내 이름인가? 남자? 여자? 내 직업? 내 몸? 내 사고들? 내 생각들?

이름은 우리 부모님이 내게 지어 준 것이니 내가 될 수 없다.

미안하지만 스트레스가 아니라

몸 역시 적어도 7년 후엔 완전히 다른 상태일 테니 내가 될 수 없다. 모든 세포가 바뀐다. 그리고 내가 어떻게 다리, 팔, 집게손가락이 될 수 있겠어? 단지 나는 이 모든 걸 가지고 있다. 그런데 나는 누구지? 이 몸을 가지고 있는 나는 누구지? 나는 내가 여자라고 배웠다. 나 스스로는 되레 남자 같다고 더 자주 느끼지만 말이다.

당신이 생각하는 그런 거는 아니다! 맞지 않은 몸을 가지고 태어났다고 생각하지는 않는다. 우리가 일반적으로 여성 성향이라 말하는 특성들보다 남성 성향이라고 말하는 것들이 내게는 더 맞고 어울리기에 남자처럼 생각된다는 뜻이다. 당신은 어떠한가? 보통 당신 반대 성별들에 분류되는 특성 중 당신에게 들어맞는 것은 어떤 게 있을까? 그럼 남자 혹은 여자는? 누가 이를 결정하는가?

나는 이런 성향이다, 저런 성향이다. 이렇게 자신이 믿기를 우리 안의 그 무언가는 바란다. 왜 그 무언가는 우리가 거듭 작고 멍청하고 못나고 슬프고 죄스럽고 상처받고 중독되고 더 큰 듯 더 나은 듯 혹은 혼자라 느끼기를 바랄까? 그렇지 않으면 그 무언가는 죽어 버리니까! 그 무언가는 더는 존재할 필요가 없어질까 두려워한다. 나쁜 악몽처럼 사라져 버릴 것이다. 이런 믿음들 없이는 살아남을 수가 없다. 고개를 들어 딱 달라붙어 두 번째 피부처럼 감싸 안고는 우리를 아주 작게 눌러 버리고자 한다. 그 무언가는 소리친다.

"나 없이 네가 할 수 있는 건 없어!"

심장이 콩닥거린다. 아직 영화관은 컴컴하다. 하지만 천천히 밝아져 온다. 어둠을 두려워한 적은 없었다. 이 어둠이 의미하는 바를 두려워한 거다. 스위치를 켤 때가 왔다. 불을 켜자!

영화 상영의 정체

지금 우리는 아주 귀여운 아이의 모습으로 엉엉 울다가 다시금 사내 녀석의 모습으로 모든 걸 통제하려고 욕을 해 대는 그 존재를 보고 있다. 그 괴물은 더 커져 가고 거친 눈은 화로 가득한 채 이글거리며 타오른다. 나를 향해 걸어오면서 점차 커지더니 머리 위로 아주 큰 그림자를 드리운다. 이제 아주 침착하게 그 두려움을 느낀다. 마침내 그것이 진정한 두려움 자체였던 적이 한 번도 없었음을 느낀다. 그저 늘 자신이 만들어 낸 두려움이었음을 깨닫는 순간이다! 나는 그 시선과 마주하며 "너는 누구니?", "나는 누구지?"라고 물어본다. 그것은 소리를 꽥 지른다. "나는 나지!" 이때 우리는 그것이 누구인지 알게 된다.

미안하지만 스트레스가 아니라

우리 삶 속에서 취해 왔던 모든 역할과 목소리들. 한때 완벽주의자, 감독관, 비평가, 판단자였던 나의 자아가 눈앞에 서 있다. 정체가 드러나자 그가 풍기던 공포감은 사라지고 햇살 아래의 눈처럼 그는 녹아내린다. 내 안에서 줄곧 끝나지 않았던 공포 영화는 끝났다. 불빛에 의해 스크린은 없어지고 '형편없는 나날들', '옛사랑들', '읽어 버린 꿈들' 같은 제목이 붙여진 몇 개의 필름 두루마리들도 이내 녹아내리는 게 보인다. 이제 영화관은 사라졌다. 남은 건 아무것도 없다.

이제 자아가 첫 번째 죽음을 맞이했다. 그리고 당신은 홀가분한 기분으로 깨어난다. 자아는 살면서 스스로 만들어 내는 페르소나다. 그것은 우리가 살아남도록 도와준다. 우리는 자라면서 함께해 온 사람들을 통해 일찌감치 뭐가 옳고 그른지를 배웠다. 틀렸다는 소리를 자주 듣고 느껴 왔던 사람들은 자기에게도 언젠가 이렇게 말한다. "틀렸어!"

옳다는 생각이 들어도 마찬가지 답을 내놓는다. 조건반사적으로 생각은 주권을 잡고 왕이 되려고 한다. 다른 누군가가 우리를 비판하기도 전에 우리는 스스로를 먼저 비판해 대기 바쁘다. 그렇게 스스로를 통제해 간다. 그렇게 내면으로 끊임없이 계속 비판하는 행위로 페르소나를 만들어 내고 더 단단하게 키워 나간다. 하지만 어느 순간 이 페르소나는 자기 주도적으로 변해 우리를 조종하기 시작한다. 우리는 이미 알고 있다. 지금껏 그렇게 살아왔음을. 자아는 확인과 인정을 받을수록 점점 더 강해진다.

때론 끊임없는 생각의 소용돌이에서 스스로 빠져나올 때도 있다. 그러나 이때 연습이 되어 있지 않다면 시간이나 장소가 허락되는 대로 또다시 빠져들어 버린다. 그 순간 자아는 다시 펀치를 날려 온다. 숨 돌릴 여유도 없다. 벌써 자아는 우리의 무의식 속에 다시금 콕 틀어박히려고 애쓰고 있다. 자아의 실력은 대단하다.

"너는 아직도 한참이나 부족해, 더 노력해! 정신 좀 차려! 애를 좀 써 봐! 다른 사람들이 너를 어떻게 생각하겠어!"

그러다가도 자아는 변덕을 부린다.

"어차피 저들은 다 멍청이야. 나보다 잘났을 리 없어. 이만하면 나는 훌륭해. 내가 해야 하는 것보다 월등이 잘해 내고 있고말고. 역시 내가 최고야!"

참으로 악순환이 아닐 수 없다. 하지만 소름 끼칠 정도로 무서운 건 이 모든 악순환이 그저 우리 머릿속에서만 일어나고 있다는 사실이다. 이 페르소나와 우리를 동일시하는 일을 그만둘 용기가 있다면 늘 똑같은 생각들의 반복된 속삭임을 끊어 버릴 수 있다. 우리 자신과 어느 정도 거리를 두면 오래도록 익숙해 있던 이 믿음과 행동 방식들로부터 회복될 수 있는 자유와 쉼을 얻게 된다. 그럼 이 페르소나가 우리가 아니었음도 깨닫게 된다. 페르소나는 하나의 상상이며 우리 삶 속에서 계속 취해 왔던 하나의 역할일 뿐이다.

그렇다. 우리의 두려움들은 자아의 두려움이지, 당신이 두려워할 것들이 아니다. 이런 두려움들은 오직 생각으로 만들어졌다. 이 사실을 깨달으면 두려움은 더는 존재하지 않는다. 점점 쪼그라들어 작아지더니 바람 빠진 풍선처럼 최후를 맞이한다. 더는 남아 있는 게 없다.

이제 당신은 자유로워졌고 더 많은 힘을 발휘할 수 있게 되었으며 짜증나고 화가 났던 일들에 그저 웃음밖에 나지 않는다. 이 순간들 모두가 다른 삶에서나 있던 이야기처럼 생각될 것이다. 어떤 영향도 당신에게 더는 미치지 못하게 될 것이다. 그토록 자주 느꼈던 압박감이 사라졌으니까.

오늘 아침
가장 먼저 떠오른 생각

오늘 아침 침대 위에서 잠이 깬 그 짧은 순간, 당신이 누구인지 미처 생각하지 못했던 그 순간, 당신은 만족스러웠고 홀가분했으며 자유로웠다. 즐거움 · 사랑 · 행복으로 가득 찬 멋지고 새로운 날의 시작에 열려 있었다. 10억분의 1초에 달하는 이 아주 짧은 순간 동안만큼은 당신의 오래된 자아가 없는 상태였다. 하지만 오늘 아침 가장 먼저 든 생각으로 삶 속에서 연기되고 있는 역할에 다시금 동일시해 버린다.

오늘 아침 행복한 생각을 하면 당신은 행복하다. 오늘 아침 가장 먼저 떠오른 첫 번째 생각이 근본적으로 어떠한 삶의 기분으로 지낼지를 이미 결정짓는다.

〔 **Mind-Shift 12** 〕

당신을 새롭고 긍정적으로 만들어 줄 생각 하나를 이제 떠올려 보자! 사랑 · 기쁨 · 행복 · 경쾌함 · 충만함 · 평온함에 주의를 기울이자. "나는 나를 사랑해!", "나는 내 삶을 사랑해", "나는 하루를 즐겨"라고 생각해 보자.

이제 당신을 행복하게 해 줄 새로운 생각 하나를 더해 보자. 효과 100퍼센트다.

당신은 선택할 수 있다. 항상 그리고 어디에서라도.

미안하지만 스트레스가 아니라

지금 이 순간이야말로 당신 인생의 최고점이다! 설령 주방에서 감자 껍질을 벗기는 허드렛일을 하고 있어도 지금이 최고로 아름다울 수 있다. 그렇게 만드는 건 당신의 선택에 달려 있다. 지금 이 순간, 이 시간은 당신이 주인이다. 다른 모든 불행의 근원은 상상 속에서 일어난다. 이 짧은 순간에 당신의 모든 삶이 들어 있다. 불행한 생각의 소용돌이에서 벗어나 새로운 생각을 할 수 있는 사람만이 행복하다. 그리고 이건 연습이 필요하다.

생각 그 자체는 문제가 되지 않는다. 그렇다고 당신 생각 자체를 꺼 버리라는 말은 절대 아니다. 오히려 생각을 가르치고 교육해 스스로에게 반기를 들게 하지 말고 오직 당신 자신을 위해 쓰일 수 있도록 하자는 말이다.

생각은 흔히 친구보다는 집 곳곳을 물어뜯는 아직 훈련받지 못한 개와 비슷하다. 사고력은 우리가 사는 데 있어 반드시 필요하고 그 자체로도 중요하다. 계획을 세우고 우리 삶을 설계해 나가는 데 또 일을 해내고 세상을 탐색하는 데도 필요하다. 하지만 생각은 왔다 가는 것이고 감정 또한 일었다가 사라지는 것이다. 자기 생각에 연연해 있는 사람은 고통스런 삶을 사는 것이다.

이미 지나간 것을 되찾고자 할 때, 마음에 들지 않는 것을 없애려고 할 때, 우리가 믿는 것을 옹호하고 싸우며 반발할 때, 바로 사건이 터진다.

3D 형식의 수수께끼 그림

의식은 사건에 얽매어 있지 않다. 의식은 여기저기에 있고 자유로우며 어디에도 속박되지 않는다. 어떤 한 관점만 고집하는 사람은 이를 깨닫지 못한다. 우리가 아닌 것들을 한 껍질 한 껍질 벗겨 냈을 때 마지막으로 남는 게 바로 의식이다. 꿈속에서 깨어나도록 우리를 자극하는 위기 상황들이 흔히 그렇다. 그래야 우리는 낭떠러지 너머 삶으로 뛰어들 준비를 하게 된다. 우리에게 중요한 것은 이미 다 잃어버렸기에 더는 잃을 게 없다고 말한다. 그때가 되어서야 비로소 다르게 살 준비를 한다. 그런데 진정한 당신의 모습을 찾고 두려움에 이끌려 가지 않는 삶을 살겠다는 데 굳이 왜 엄청난 고통을 기다리는가?

의식적인 사람은 자신의 관점을 달리한다. 더는 사건 속에서 헤매지 않는다. 생각·감정·신체 감각들을 지각하는 게 무엇인지를 지켜본다. 누구에게나 고통·두려움·걱정들에 손대어지지 않는 그러한 순수한 본능이 있다. 3D 형식의 수수께끼 그림처럼 지금껏 한 모습만 보였던 게 다른 각도에서 보자마자 바로 완전히 다른 모습을 띤다. 완전히 다른 통로를 발견하게 된다. 아주 좁고 어두우며 힘들다는 기분 대신 밝고 확 트이며 충만한 홀가분한 기분을 이제 우리는 만끽하게 된다.

미안하지만 스트레스가 아니라

자아에서 의식으로의 전환, 다시 말해 영화에서 벗어나 현실로 옮겨 가는 일은 아주 빨리 일어난다. 힘든 건 예전 방식으로 다시금 빠져드는 일도 아주 빨리 일어나기에 거듭해서 이 전환 과정을 이행해야 한다는 거다. 이전 행동 방식들은 연습이 잘되었기에 새로운 행동 방식을 단단히 고정해 예전의 것들을 뇌에서 우선 떼어 내야만 한다.

'Use it or lose it(사용하지 않으면 잃는다).' 새로운 언어나 기술을 배우는 것처럼 처음에는 굉장히 어렵다. 별다른 노력을 기울이지 않아도 새로운 의식 상태로 살아갈 수 있으려면 많은 시간의 연습이 필요하다. 반복하면서 즉 매일 연습하면서 이 능력을 키울 수 있다.

당신 곁에 있는 사람

깨달음을 얻으려고 공부를 하거나 산을 오르거나 동굴로 들어갈 필요는 없다. 여기서 깨달음이란 꿈에서 깨어나 현재 머무르고 자기 본연의 힘으로 돌아가며 내가 누군지를 기억하는 것을 의미한다. 그 이상도 그 이하도 아니다.

두려움과 관련된 이전 패턴들이 살금살금 기어 들어오려는 게 느껴지면 바로 세상을 멈춰라! 당신 자신을 멈추면서 상상의 장면을 멈춰 꺼라! 잠시 조용히 머무르자. 북적대는 난리통에서도 당신의 주의력을 끄집어내 당신 삶에서 가장 중요한 사람에게 집중하자. 당신 곁에 있는 사람, 바로 당신! 당신이 잘 지내지 못하면 어떻게 당신의 아이들이 잘 지낼 수 있겠는가? 당신의 배우자는 어떻게 되겠는가? 당신 자신과의 관계는 모든 관계의 기초이며 가장 중요한 일이다. 주위가 아무리 산만해도 당신의 생각은 조용히 머물 수 있다.

당신의 사고방식과 태도들이 유전적으로 정해진 게 아니란 사실을 기억하는가? 어느 순간 당신 스스로 이를 선택했고 무지막지한 연습을 해 댔다. 현실 점검은 새로운 생각을 해낼 힘을 마련해 준다. 세상을 멈춘 다음 머리부터 발끝까지 내려다보자. 땅 위에 서 있는 두 발. 그래, 나는 지금 여기에 있다! 나는 살아 있고 그 어떤 나쁜 일도 일어나지 않았다. 삶을 엉망으로 만들고 외롭게 하는, 이제는 떨어져 나갈 무의식적 사고에 불과하다. 생각을 바쁘게 돌아가지 않도록 하면 생각은 그곳에서 금세 도망가 당신을 내버려 둔다. 그렇기에 새로운 이 의식을 거듭 반복해서 실행하는 것이 기초 연습이다.

당신에게 질문이 있다. 이제 자유롭다면 당신은 누구인가?

[*Mind-Shift 13*]

이제 최적의 당신 모습을 그려 보자! 솔직해져 보자.

당신 삶은 몇 개나 되길래 매일같이 정신없이 숨 가쁘게 살아가는가?

자유롭다면 어떻게 살고 싶은가? 유일하게 존재하는 참된 자유는 두려움으로부터의 자유다! 마음껏 느낄 수 있는 자유. 당신 자신이 될 수 있는 자유.

당신 자신과 다른 이들을 어떻게 마주하고 싶은가? 최적의 당신 모습이라면 당신은 누구인가? 어떻게 살아가고 싶은가?

이제 자리에 앉아 그것을 그려 보자.

• 당신은 어떻게 보이는가?

• 무엇을 입고 있는가?

• 자유롭다면 어떻게 생각하는가?

• 그리고 어떤 느낌이 드는가?

• 당신은 어떻게 행동하는가?

• 당신은 어떻게 사랑하는가?

• 당신은 어떻게 살아가는가?

다중 감각적인 경험을 해 보자! 새로운 당신의 모습을 느껴 보자.

당신이 어떻게 느끼느냐에 따라 내면의 전율이 생겨난다. 이것은 습관화된 익숙한 구정물 속에서 당신을 끄집어내 새로운 삶의 기분으로 바꿔 준다. 5분간 앉아서 이 새로운 의식을 찾아보자. 이 5분은 목욕이나 양치질보다 더 중요한 것이다.

계속해서 찾아 나가자.

이런 연습은 정말 중요한 관점 변화를 만든다. 제한되었던 일상의 생각에서 벗어나 자신 본연으로 돌아가기 때문이다. 작고 좁고 화나고 짜증나고 불쾌하고 외롭고 슬프고 실망스럽게 만들던 생각들이 당신을 제약한다.

이제 그런 생각들을 일상 속에서 알아차리게 되면 계속 그렇게 믿을지, 믿지 않을지를 결정할 수 있다. 당신의 대답이 '아니오'라면 당신은 당신의 생각이 아니기에 그 관점을 버릴 수 있다. 이제 집중력을 발휘해 최적의 당신 모습에 주의를 기울일 수 있다. 삶 안에서 자신이 누구이길, 어떤 모습이길 바랐는지 기억하는가? 이 관점에서 세상은 어떻게 보이는가? 어떤 결정을 내리겠는가?

이전 사고방식 프로그램이 뇌에 아주 잘 박혀 있어 마냥 순탄하지 않을 것이다. 그래도 괜찮다. 당신은 지금 새로운 삶의 기분을 연습 중이다. 관점을 달리해 자아의 속박 상태에서 벗어나 본연의 힘으로 고통은 사라지고 사랑을 남기는 연습을 계속하라.

3장

정서 영역

미안하지만 스트레스가 아니라

감정이란 뭔가요?

　서양 사회는 아직 감정의 힘이 널리 전파되어 있지 않다. 감정을 진흙투성이 아이처럼 여긴다. 감정이 겉으로 드러나면 부끄럽다는 듯 곁눈질로 주변을 살핀다. 감정을 어떻게 다뤄야 하는지도 잘 모른다. 흔히 대뇌를 이용해 이성적이고 논리적으로 옳은 결정을 내려야 한다고만 알고 있을 뿐이다. 유감스럽게도 그렇게는 되지 않는다. 생각하는 것처럼 그렇게 이성적인 사람은 없다. 오히려 감정은 삶에 커다란 효력을 발휘한다.
　본연의 잠재력을 발휘하려면 감정을 의식적으로 다룰 줄 알아야 한다. 이것은 배울 수 있고 또 배워야만 한다.
　자신의 잠재력을 모두 발휘하고 심지어 불가능한 것을 가능하게 한 사람을 소개한다. 바로 NBA 챔피언 더크 노비츠키다.

20년간 온갖 신기록을 깨며 비미국인 최초로 3만 점을 달성한 그는 마이클 조던이나 코비 브라이언트 등 세계 최고 선수들과 더불어 올림포스로 손꼽힌다. 그의 실력은 훈련과 재능에 기반했다. 거기에 더해 그는 자신을 위해 감정을 활용할 줄 알았다.

감정 사용법을 알려 준 건 그의 코치이자 멘토인 홀거 게슈빈드너(Holger Geschwindner)였다. 게슈빈드너는 마술사 같다. 모두가 그의 숨겨진 비법을 궁금해 할 정도다. 농구 재능을 인정받은 선수들, 농구를 포함한 스포츠에 종사하는 선수와 코치들, 스포츠계 인사들도 그랬다. 나는 그에게 비법을 물었다.

"게슈빈드너 씨, 감정이란 뭔가요?"

그는 한 치의 망설임도 없었다.

"감정은 90퍼센트, 서양에서 그토록 중시하는 이성은 10퍼센트. 최대로 해도 15퍼센트예요. 위로가 필요한 아주 안 좋은 상황에도 레퀴엠은 존재하죠!"

1972년 독일 농구 올림픽 선수팀의 주장이었던 게슈빈드너는 수학과 물리학을 전공했다. 그는 인간의 사고와 뇌에서 일어나는 현상들을 어느 정도 이해하고 있었다. 우리가 어떻게 무엇을 배우는지, 두려움을 어떻게 마주하게 되는지, 지금껏 전혀 하지 못한 걸 어떻게 해낼 수 있는지를 그는 알고 있었다.

노비츠키가 16.5세였을 때 게슈빈드너는 그의 멘토가 되었다. 그들의 나이 차이는 무려 33살이었다. 두 사람은 서로 완전히 다른 교육을 받으며 자랐다. 그만큼 세대 차이가 났으니 당연했다. 그러니 서로 공통된 언어를 찾아야만 했다. 선택의 여지는 없었다.

"언어와 다른 차원에서 한 사람을 잘 품을 수 있는 감정 접근법이 있죠."

그는 시적으로 멋들어지게 표현했다. 프로 스포츠 분야에서는 어떤 선수의 한 가지 면만을 눈여겨보거나 모든 선수가 똑같은 방식으로 훈련하는 건 있을 수 없다. 그래서 게슈빈드너는 음악 특히 재즈를 가르치기 시작했다. 그는 "농구는 재즈"라고 했다. 그의 가르침을 받는 사람이라면 누구든 악기 하나를 배워야만 했다. 예외는 없었다. 이미 재능을 가진 신입 선수라면 매년 새로운 것을 배워야만 했다. 펜싱·곡예·승마 등 재주가 전혀 없어도 마찬가지였다.

"그렇게 해야 처음에 그저 피하고만 싶던 불쾌한 상황을 극복해 나갈 수 있는 법을 연습할 수 있습니다."

그의 선수들은 누구나 한 가지 도구를 갖고 다닌다. 색소폰·트럼펫 등 갖가지 것을 말이다. 저녁에는 재즈 음악가들과 이들의 불협화음이 공존하는 음악회가 열린다. 재미 때문은 아니다. 게슈빈드너와 같은 사람들은 재미로 그런 일을 절대 하지 않는다. 그는 진지했다.

"음악을 통해 아이들은 자기 자신에 대해 더 잘 알게 되죠. 알

파벳을 배우는 것보다 더 나은 일이고요. 자기 경험을 위해서입니다. 일정한 리듬과 노래들이 있어요. 모두 자기만의 멜로디를 찾아내야 하죠. 그럼 그 노래가 힘이 되거든요."

"경험이요?"

"자기 경험! 그것 없이는 안 돼요!"

그는 말했다.

"그렇다면 두려움은 어떻게 극복하나요? 압박을 느끼며 두려워하는 선수들에게 어떤 조언을 해 주시나요?"

그는 또다시 어떠한 주저함도 없이 답했다.

"노래를 부르며 계속하라!"

그는 이어 말했다.

"어두컴컴한 지하실에서 휘파람을 부는 것과 비슷한 거예요 (웃음)."

"노래요? 한 시가 급한데, 경기를 뛰는 선수들에게 노래를 부르라고 조언한다고요?"

그는 웃더니 데이빗 핫셀호프가 어떻게 노비츠키에 의해 유명세를 되찾을 수 있었는지, 2006년 그 당시의 이야기를 들려줬다.

"플레이오프 때였죠. 더크는 아주 중요한 순간에 자유투 2개를 얻어 냈어요. 상대편이 1점 앞서 가고 있었죠. 이기려면 두 골 모두 넣어야만 했어요. 더크는 자유투 선상에 섰어요. 그리고 지금껏 수없이 연습한 대로 중얼중얼 노래를 불렀죠. 그리고 어떻게 되었냐고요? 물론 이겼죠. 이 모습이 기자들 눈에 강렬하게 각인되었어요. 경기가 끝난 직후 기자들은 그가 부른 노래가 뭔지 궁금해 했어요. 하지만 더크는 쉽사리 알려 주지 않았죠. 그럼에도 기자들은 재차 물었어요. '혹시 그 곡이 데이빗 핫셀호프의 〈Looking for Freedom〉이었나요?' 더크는 '제발 나 좀 내버려 둬'라고 생각하며 그냥 '네'라고 대답해 버렸어요. 한데 그 파급 효과가 엄청났던 거예요. 그 소식이 전 세계로 퍼져 나갔으니까요.

다음 매버릭스 홈경기 때 핫셀호프는 노비츠키의 등번호 41을 달고 나타나서는 경기 전반 내내 경기장을 돌아다녔어요. 그 일로 다시금 유명해지게 된 거예요."

노비츠키에게 진짜로 도움이 된 노래가 무엇이었는지는 아무도 모른다. 안다 한들 우리에게 도움이 될 건 없다. 이해하겠는가? 모두가 자기만의 멜로디가 필요하다는 사실을!

이 느낌을 게슈빈드너는 지금껏 그 누구도 해내지 못한 것을 이뤄 내고자 하는 일종의 욕망으로 표현했다. 자신의 한계를 넘어 더 나아가려고 할 때 나타나는 자극은 아주 당연하다고 했다. 그리고 욕망은 자기 경험을 통해 사라진다.

게슈빈드너는 학교에서 만들어 내는 시험에 대한 압박이 문제라고 지적했다. 그는 이것에 대한 역습으로 훈련 때 선수들이 매일 시험을 치르도록 만들었다. 막상 시험대에 올랐을 때 긴장을 완전히 풀 수 있는 방법을 배우게 한 것이다. 큰 시험을 치르기까지는 그저 시간이 조금 더 오래 걸릴 뿐이다.

게슈빈드너는 교육을 선호하지 않는다. 그는 성장하게끔 내비려 두지란 주의다. 다만 선수들이 경기를 진지하게 생각하지 않을 때는 그도 엄격해진다. 연습에 대한 의지는 무조건 선수 본인에게서 나와야 한다고 생각하기 때문이다. 더불어 본인 스스로 성장하길 바라고 있다면 그에게는 상당한 자유 역시 주어져야 한다고 생각한다.

"본인의 의지는 재능만큼 중요합니다. 의지가 없으면 능력을 제아무리 타고나도 허비할 수밖에 없죠. 사냥을 나가는데 사냥개를 업고 갈 수는 없잖아요!"

그렇기에 그는 다음의 세 가지를 갖춘 선수를 찾아다닌다.

"재능, 의지 그리고 '새로운 게 어디 있지?'라는 생각을 가진 사람이죠. 새로운 건 찾아내거나 참을성을 갖고 기다려야 하지요. 극소수만이 그렇게 할 수 있어요."

그는 너무도 완벽한 깊은 평온 상태를 이미 잘 알고 사용하고 있었다. 나는 호기심에 다음의 질문을 던졌다.

"당신에게 스트레스란 뭔가요?"

그제야 비로소 게슈빈드너는 잠시 생각에 빠졌다. 그러더니 이렇게 설명했다.

"프로 운동선수들은 연습에서만큼은 챔피언이죠. 그런데 페널티킥과 같이 경기의 승패를 좌우하는 순간에 맞닥뜨리면 많은

미안하지만 스트레스가 아니라

이의 자의식이 흔들려요. 바람 앞의 바람개비처럼요. 그럴 이유가 없는데도요! 선수들은 1,000번도 넘게 페널티킥 연습을 했어요. 이론적으로 골키퍼가 막을 가능성은 거의 없어요. 하지만 경기에서 취할 행동과 미디어 매체에 오르게 될 자신에 대한 평가 같은 것을 많이 떠올려 버리죠. 경기 외의 부가적인 것을 너무 많이 생각하게 돼요. 결국 스스로에게 스트레스를 주죠. 객관적으로 보면 그런 건 없는데 뭘 해야 할지 모르는 거예요! 스트레스는 긴장 상태에서 너무 빨리 벗어나려고 할 때 생겨나니까요."

이 말의 의미를 나는 더 자세히 알고 싶었다. 그는 설명을 계속했다.

"본인 스스로 원칙을 정한 사람은 매일 1센티미터씩 높이뛰기 바를 높여 나가죠. 성취감 역시 매일 경험하게 됩니다. 하지만 그토록 실력이 뛰어난 선수가 시합이나 결승전에 나가면 실질적인 문제에 맞닥뜨리게 되죠. 더는 스스로 상황을 결정할 수 없고 자발적이긴 했으나 끌려다니는 거예요. 이 문제에서 벗어날 방법은 수용이에요. 체념의 형태로 이렇게 말하는 거예요. '좋아, 내가 무엇을 해야만 좋을까? 나는 그대로 할 준비가 되어 있어.'"

게슈빈드너의 삶의 좌우명은 위협을 도전으로 바꾸는 데 분명하고 적합했다. 거울에 써 붙여 놓으면 좋을 만한 문장이었다.

'미래는 열려 있다. 지금껏 해내지 못한 것에 내 모든 걸 내놓는다.'

그가 하는 말이 무슨 소린지는 체육관에 가면 더 잘 이해된다. 오른쪽-왼쪽-위-아래-앞-뒤 지각과 더불어 습관화된 생각을 완전히 혼란스럽게 만드는 움직임들을 훈련한다.

게슈빈드너가 선보였던 것처럼 농구 경기장이란 세계에서 잠재력을 일깨우고 변화를 만들어 내려면 다음이 필요하다. 관점을 달리하기, 새로운 것을 배우기, 새로운 생각하기, 스스로 경험해 보기, 본연의 의지로 늘 계속해서 새롭게 적응해 나가기. 음악도 하나의 해결책이 될 수 있다.

사실 뇌는 음악을 통해 변화되기도 한다. 노래 부르기에는 호흡 치료와 관련된 흥미로운 효과도 있다. 압박이나 두려움을 느낄 때 우리는 아주 가쁘게 숨을 쉬거나 아예 참아 버리는데, 이때 노래를 부르면 자연스럽게 계속 숨을 쉬게 되고 두려움 · 슬픔 · 분노 같은 감정들이 이 호흡들에 유유히 흘러나가게 된다. 그 어떤 것도 억누를 필요가 없이 말이다. 노래와 함께 자연스럽게 내버려 두는 호흡은 깊은 평온 상태로 되돌아가라는 신호를 우리에게 보낸다. 노래 부르기에는 강제적인 이완 작용이 들어 있는 것이다.

[**Mind-Shift 14**]

어떤 멜로디가 당신을 행복하게 만드는가? 당신의 승리 노래는 무엇인가? 당신의 기분을 좋게 하는 노래를 하나 골라 보자. 그 음악을 들어 보자. 불러 보자. 춤을 춰 보자. 이때의 느낌을 당신 세포 속에 남겨 두자. 압박이 느껴지면 이 느낌을 끄집어내자.

내비게이션 고장

이제 우리는 연습장에서의 아름다운 소풍을 마치고 정서적 세계로 더 깊이 들어가 보려고 한다. 우리가 함께 들어 올릴 보물이 여기에 숨겨 있다. 바로 내비게이션 시스템!

살아가는 데 있어 감정은 꼭 필요하다. 우리가 한발 물러서야 할 때가 언제인지를 감정은 늘 가르쳐 준다. 내가 가진 최대한의 힘으로 살아가게끔, 즐거움과 경쾌함과 에너지를 느끼게끔, 나와 세상이 조화를 이루며 살아가게끔 감정은 우리를 돕는다.

이런 유익한 감정이지만 한 가지 문제가 있다. 그 방향키가 망가져 버렸다는 것이다. 특히 정서 영역은 너무 오랫동안 방치하는 바람에 제멋대로의 상대가 되어 버렸다. 중국에는 작은 일에도 통제가 되지 않는 문제가 발생한다. 그러니 그저 눌러 버리고만 싶다. 최대한 아무것도 없던 것처럼. 예쁜 뚜껑을 씌워 둔다.

현재 즐거움과 행복이 적당한 상태라면 여전히 뭔가를 계속할 수 있다. 하지만 슬픔이나 화, 분노 가운데 있다면 상황은 완전히 다르다. 위협에 대한 반응으로 올라오는 감정들을 올바로 다루지 못하는 상황에서 재차 분노·화·무능함·무기력함 같은 감정들을 도출해 낸다. 자기감정이나 정서를 다루는 법을 배우지 못한 까닭이다. 이것들은 가장 중요한 조언자이자 에너지 흐름의 조종자라는 사실도 전혀 배우지 못했다.

원치 않는 감정이 올라오면 다음의 행동이 이어진다. 억눌러 버리기, 모두 삼켜 버리기, 얼리기, 마비된 듯 머무르기, 폭발하기, 화를 내기, 싸우기, 행동으로 표출하기다. 하지만 그렇게 한들 감정은 사라지지 않는다. 당장은 지하로 들어가지만 다른 순간 다시 치솟아 오르려고 그곳에서 힘을 키우고 있을 뿐이다. 회사 동료들 앞에서는 조용조용 있다가 퇴근길에 이웃집 개를 발로 차는 사람이 되는 것이다. 우리도 언젠가는 이런 식으로 압박에 눌려 있다 폭발할지 모른다.

감정이 올라오면 삼키고 눌러 버리는 패턴은 자신을 불리하게 만들 뿐이다. 감정이 강해지면 그것은 공격 태세를 취하고 행동으로 표출한다. 예전 행동 방식들을 더 강하고 세게 만들 뿐 아무 도움이 되지 않는다.

대부분 집마다 선호되고 허용되는 특정 감정이 있다. 흔히 슬픔을 내비치는 걸 가장 꺼린다. 때론 장난스러움을 자제시키기도 한다. 우린 어릴 때 시작된 감정 누르기를 점차 자신과 몸에서 지워 버리도록 배워 왔다. 그러니 그런 감정이 일 때 어떻게 행동해야 하는지 몰라 혼란스럽다. 그저 바깥세상에서 배운 대로 세상이 선호하는 신념들에 우리 자신을 내맡겨 버린다. 이상하게도 그 신념들은 너무 빡빡하고 고통스럽다. 더구나 장밋빛 아니면 시퍼런 빛깔, 두 가지밖에 없다.

스스로 머릿속에 만들어 놓은 벽들과 출입 금지 구역들. 한계점들은 점점 더 자신의 목을 죄어 온다. 결국 느낌과 감정에 완전히 반대되는 결정들, 좋은 느낌이 아닌 좋게 생각되는 것들을 결정하게 된다. 자신이 내비쳐도 되는 정도의 작은 감정선, 이 신념에 조금이라도 넘어서면 이내 혼란스럽다.

"조심해! 지금 안전 구역을 벗어나고 있어!"

바로 이 순간, 이 짧은 순간 다른 것은 환상에 불과하며 당신이 노련해지지 못하도록 막아선다.

무엇이 더 강한가?

당신의 의식, 아니면 당신의 오래된 정신 속의 운전사?

당신의 외식은 현실 속에서 제정신을 차릴 만큼 충분히 강한가, 아니면 머릿속 영화로부터 힘을 빼앗기고 있는가? 위협을 도전으로 바꿀 수 있는가, 아니면 공포에 휩싸인 채 머릿속 영화가 당신의 힘과 집중력이 발휘되는 것을 방해하는가?

이 모든 건 감수성 훈련 여부에 달렸다. 높이뛰기 바의 높이를 매일 조금씩 올리며 새로운 삶의 태도를 연습하는가? 명상하는가? 현실 점검을 하는가? 아침마다 행복한 생각을 의식적으로 하는가? 경험하는 데 내적인 도약을 감행하는가, 아니면 조종사에게 내맡기는가? 지금 당신의 감정은 어떻게 다뤄지는가?

한순간 노비츠키는 사실상 눈을 감고도 던질 수 있는 두 번의 자유투가 아닌 선수 경력상 정점을 찍는 순간에 마주하게 되었다. 그렇기에 더욱더 평소 훈련한 그대로 감정의 닻을 내렸다. 어느 면으로나 탁월한 선택이었다.

그는 자신의 멜로디를 통해 호흡의 흐름을 되찾았고 동시에 긴장을 풀어냈다. 긍정적인 기억까지 저절로 떠올랐다. 노래로 과거에 느꼈던 긍정의 감정을 불러일으킨 덕분이었다. 당신이 힘들거나 긴장될 때 이렇게 할 수 있다.

미안하지만 스트레스가 아니라

〔 Mind-Shift 15 〕

닻을 내려라! 음악에 전혀 관심이 없다면 다른 정서적 닻을 가져오자.

당신이 삶에서 가장 아름다웠던 순간을 떠올리자. 그리고 그때 몸으로 느꼈던 감정을 되살리자.

풍요롭고 편안하며 삶의 에너지가 맴돌고 있다는 느낌이 들면 내적으로 잠시 멈추고 당신 세포 안에 메모를 남겨 두자! 이 감정은 당신이 매번 돌아올 수 있는 곳이다. 이 기억은 불러낼 수 있다! 불러낼수록 당신 안에서 더 강해진다.

당신 몸 안에서 이 감정을 느껴라. 특히 아름다운 순간에는 의식적으로 내면의 스냅 사진을 찍어 두라.

Feeling-Good-Selfie!

두 번째 뇌

누구나 두 번째 뇌를 갖고 있다는 사실을 아는가? 배와 골반에 있는 뇌를 아는가?

머리에 있는 뇌를 만물의 영장으로 생각하기 때문에 우리 인간은 지금껏 이 두 번째 뇌에는 거의 관심을 두지 않았다. 하지만 인간 체계에서 일방통행이란 없다. 몸은 온종일 뇌에 신호를 보내고 뇌는 대체로 효과적인 종합 계획을 세워 이에 반응한다. 뇌와 몸이 서로 긴밀하게 의사소통할 때 비로소 우리는 어떤 결정도 내릴 수 있다.

미국의 마이클 거션(Michael Gershon)에 의해 처음으로 '두 번째 뇌'라는 이름이 붙여진 이 인체의 놀라운 작품은 두뇌와 비슷한 양상을 띤다. 세포 유형, 작용물질, 수용체 모두 똑같다. 여기서 가리키는 것은 자율신경계와 곧장 연결된 신경조직을 갖춘 식도, 위, 소장 그리고 대장이다. 두뇌는 약 860억 개의 신경세포로 이뤄져 있다. 위벽은 최소 1억 개의 신경세포를 갖고 있으며 척추 전체보다 더 많은 뉴런을 갖고 있다. 복부는 뇌와 계속해서 연락을 주고받는다. 머리에서 배로보다 배에서 머리로 보내지는 정보가 월등히 더 많다. 복부의 뇌는 복잡한 체계로 되어 있으며 자율적으로 학습하고 기억할 수 있다. 이곳은 소화를 책임진다.

미안하지만 스트레스가 아니라

하지만 이건 복부의 뇌가 갖는 의미 중 극히 일부에 불과하다. 자연적인 항울제 혹은 행복 호르몬으로 불리는 세로토닌은 대부분 이곳 복부에서 만들어진다. 따라서 우리의 기분 역시 이곳부터 시작된다고 할 수 있다. 생물학적인 측면에서 복부의 뇌가 전달하는 메시지를 충족시키는 일은 우리 삶 전반에 걸쳐 중요하다. 복부에서 전달되는 신호는 현재 우리가 직면하고 있는 상황을 두뇌가 전반적으로 조망할 수 있도록 돕는다. 복부의 뇌는 센서를 통해 스스로 정보를 생성하고 평가할 수 있으며 이에 따라 근접해 있는 조직에 명령을 내리는 것 같은 필요한 작업도 직접 내릴 수 있다.

배와 머리 사이의 연결이 원활하지 않으면 우리는 사실상 혼자 생활할 수 없다. 설령 외형적으로 달라진 게 전혀 없고 지식 결핍이 일어나지 않았다 하더라도 그렇다. 눈구멍 바로 위에 있는 안와 전두 피질은 몸이 보내는 신호를 판단하는데, 이 영역이 사고 등의 이유로 손상을 입으면 몸으로부터 받아들여지는 정보들을 더는 판단할 수 없게 된다. 어떠한 감정도 더는 받아들일 수 없다. 이러한 뇌상을 입은 사람들은 아주 평범한 일도 결정할 수 없다!

감정 결핍의 결과

엘리엇은 성공한 사업가였다. 결혼 생활도 행복했다. 그는 자상한 아버지였고 형제자매들과 동료들에게는 모범이 되는 사람이었다. 뇌종양으로 대뇌피질 앞부분의 전두엽 일부를 제거하는 수술을 받기 전까지는 그랬다.

치료는 잘되었다. 처음에는 수술이 아주 성공적인 듯했다. 그런데 얼마 지나지 않아 이상한 행동들이 나타나기 시작했다. 엘리엇은 침대에서 일어나지 않았다. 어떤 시간 계획도 따르지 못했다. 어떤 원리에 따라 책상을 정리할지 몇 시간째 고민했고 끝내 결론을 내리지 못했다. 그는 직장을 잃었다. 그러고는 수상한 동업자들에게 빠져들었다. 결혼은 파탄 났다. 그는 더 이상 혼자서는 살아가지 못하는 사람이 되었다.

엘리엇을 담당한 신경학자 안토니오 다마지오는 그가 평균 이상으로 똑똑하고 지식이나 경험 면에서도 부족할 게 전혀 없지만 감정이 결핍되었다고 확언했다. 엘리엇은 몹시 차가운 사람이 되었다. 무너져 내리거나 불타는 집들, 끔찍한 자동차 사고의 피해자들, 익사 직전의 사람들의 모습이 담긴 고통스런 사진을 보여 줘도 그는 아무런 반응을 보이지 않았다. 한때 그가 사랑한 사람들이나 물건을 보여 줘도 마찬가지였다. 엘리엇은 아무런 즐거움

미안하지만 스트레스가 아니라

도 느끼지 못했다. 몇 시간 동안 그에게 질문을 던진 다마지오는 그에게서 초조함이나 슬픔, 혐오감을 전혀 찾아볼 수 없었다.

엘리엇과 같은 사람들은 몇 시간째 계속해서 생각에 빠지지만 아무런 감정을 느끼지 못하기 때문에 아주 단순한 결정도 내리지 못한다. 감정 없이는 슈퍼마켓 진열대 앞에서 커피를 마실지, 차를 마실지 같은 쉬운 결정도 내리지 못한다. 다양한 종류를 두고 몇 시간이고 계속해서 생각은 하지만 어떤 결정도 내릴 수 없다. 필요한 게 무엇인지 또 어떠한 기분이 드는지도 알 수 없다. 침대에서 일어나야 할 시간에도 어떤 충동을 느끼지 못하기에 계속해서 누워 있게 된다. 사람들을 만나도 그들이 어떤 사람일지 전혀 직감하지 못한다. (직감 없이는 그 상황이 위험한지 혹은 괜찮은지 알아차리기 힘들다.) 결국 모든 게 다 상관없어져 버린다.

지금 왼손에는
어떤 느낌이 드는가?

당신의 판단이 얼마나 이성적이라고 생각하는가? 흔히 인정하지 않으려 하지만 몸이 보내는 신호는 당신이 내려야 할 결정에 주된 역할을 하고 있다. 몸은 머릿속에서 어느 방향으로 가야 할지 유도해 낸다. 이후에야 이성은 내려야 할 결정을 말해 준다. 이 분명한 사실을 우리는 의식적으로 알 필요가 있다.

신경학자인 데이비드 이글먼은 저서『더 브레인』에서 우리 몸 안에서 이뤄지는 무의식적인 정서적 경험들이 우리가 누구인지 혹은 어떤 사람이라고 믿고 있는지에 엄청난 영향을 끼친다고 했다.

연구가들은 정서적 반응과 정치 성향 사이의 관련성도 발견했다. 미국의 한 연구에서는 무기 통제, 낙태, 혼전 순결 등 예민한 주제에 나타나는 혐오 반응에 따라 피실험자가 갖는 정치적 성향을 파악해 냈는데 혐오감이 클수록 보수를 지지했다. 혐오감을 일으키는 그림으로 가늠한 정치적 성향에 대한 실제 피실험자들의 대답은 95퍼센트 일치했다. 이글먼 박사는 정치적 신념은 몸과 정신 사이 교차점에서 생성된다고 표현했다.

느낌과 감정은 진흙투성이 아이가 아니다. 이것은 삶에 있어 매우 중요하며 자신의 안녕을 위해 꼭 필요하다. 이 시점에서 우리는 느낌과 감정 사이의 간단한 차이점에 관해 이야기하고자 한다. 이 둘 사이에 분명한 차이를 두고자 하는데 그 이유는 무엇이 무엇을 뜻하는지 정확하게 알지도 못한 채 다양한 관점과 정의, 해석들이 일상에 놓여 있어서다.

미안하지만 스트레스가 아니라

이 책에서는 다음과 같이 차이를 둔다. 느낌은 계속해서 지각되는 것이다. 감정은 짧은 순간 동안 이뤄지는 자극이다. 다음의 연습으로 느낌과 감정의 차이를 재빨리 감지할 수 있을 것이다.

지금 왼손에는 어떤 느낌이 드는가?
그리고 오른쪽 발에는 어떤 느낌이 드는가?

당신이 지각하는 것을 이제부터 나는 느낌이라고 명명하겠다. 느낌은 지각하는 매 순간 나온다. 따뜻함, 더움, 차가움, 간지러움, 조임, 좁음, 당김, 무감각함, 얼얼함, 가벼움…. 느낌은 우리가 그 상황을 어떻게 판단하는가에 대한 신체적 지각이다. 느낌은 온종일 우리가 언제 먹을지, 언제 마실지, 언제 잠을 잘지, 언제 포옹이 필요할지, 추운지, 더운지, 평온한지, 불편한지 등을 지각하게 만든다.

감정은 대체로 우리 존재에 대한 자극들이다. 감정은 단기적이다. 불안, 슬픔, 기쁨, 분노 등이 있다. 감정은 순식간에 몸을 통과해 나간다. 천만다행이다. 감정들이 흘러나가도록 내버려 둘 수 있으면 내면의 힘을 계속 유지할 수 있다. 저항할 필요도 없고 감정을 억누르거나 해소하기 위해 힘을 쏟을 필요도 없어지기 때문에 더 많은 에너지를 가질 수 있다. 물리적 방어막들은 사라지고 정신은 평온해진다. 더 생기 있어지고 더 상쾌해지며 더 가벼워진다. 그런 감정들은 무지개의 색깔이나 악기의 현들과도 같다.

저음엔 좋지도 나쁘지도 않다. 그러다가 무언가 익숙하지 않은 것이 일어날 때 생기는 흥분과 간질거리는 느낌은 누군가에게는 위협이 되고 누군가에게는 도전으로 다가온다. 이런 느낌은 동전의 양면과 같다. 자신이 지각하는 것에 어떤 판단을 내리느냐에 따라 우리는 고통받고 아파하거나 날개를 펼쳐 지금껏 불가능했다고 생각한 것을 해내는 것이 가능하다. 프로 운동선수들의 모범적인 사례를 살펴보자!

클리츠코처럼 해라!

복싱만큼 두려움에 맞서야 하는 운동 종목도 드물다. 복싱에서 두려움은 자연스런 현상이다. 자신의 몸, 승리, 패배, 싸움, 도망이 한데 얽혀 있다.

블라디미르 클리츠코는 세계적으로 유명한 복싱 선수로 대부분 흐지부지 넘겨 버릴 감정에 대해서조차 열린 태도를 보이는 몇 안 되는 사람이다. 그는 두려움을 어떻게 극복하는지 내게 털어놓았다.

"극단적인 상황에서 손가락과 배에서 느껴지는 근질근질함을 저는 좋아해요. 오히려 그 아드레날린을 활용하죠. 제 경우에는 즐거움보다 두려움이 더 효과적인 자극제입니다. 이때가 옳겠다 싶을 때 두려움은 킥을 날리죠. 저는 킥이 날아가도록 내버려 둡니다. 도전을 받아들이고 극복해 내죠. 무조건요."

클리츠코는 자신이 느끼는 신체의 신호를 긍정적으로 받아들였다. 심지어 이런 상태가 온 것을 기뻐했다. 신체적 경험에 근거해 열린 자세를 취하고 저항하지 않으며 감정으로 얻은 에너지를 자신의 목표에 한 발짝 가까이 다가서는 데 활용했다. 그는 이렇게 덧붙였다.

"저는 두려움을 이해하고 받아들이며 끝내 극복해 냅니다. 도전을 해야 할 상황을 알아차리고 받아들이며 극복하면 더 많은 걸 얻게 된다는 걸 알고 있습니다. 두려워할 아무런 실제적 근거가 없다는 사실을 깨닫게 되고 이걸 극복해 냈을 때 훨씬 더 용감해진다는 사실을 계속 알아가고 있습니다."[15]

〔 **Mind-Shift 16** 〕

두려움을 사랑하는 법을 배우자. 손가락과 배에서 간질간 질함이 느껴지면 당신의 두려움에 환영의 인사를 건네라. "내가 다시 한 번 더 성장할 기회가 왔군. 나는 이 일로 부터 분명 한 걸음 더 나아가게 될 거야. 이건 시련이 아 니야. 단련될 기회가 또 한 번 찾아온 것뿐!"

이제 두려움(스트레스)은 환상적인 자극제가 될 수 있다. 두려움이 여기 있음에 기뻐하고 이 에너지를 자신이 적 극적으로 변하고 움직일 기회로 활용하라. 기억하자. 몸을 움직이는 것은 머릿속에서 계속되는 우울한 생각들을 멈 추고 완전히 새로운 해결책을 찾도록 도와준다는 사실을.

일어날 수 있는
최악의 상황이 뭔데?

강연이나 시험을 앞두고 일어나는 불안감은 모두가 공감하는

미안하지만 스트레스가 아니라

혼란스런 감정이다. 나 역시 이런 감정 때문에 고등학교 말하기 졸업 시험을 망친 경험이 있다. 완전히 블랙아웃 상태가 되어서는 어떤 말도 내뱉지 못하고 그저 중얼거리다 식은땀만 흘렸다. 무대 공포증이었다.

배우이자 음악가이자 디자이너인 모리츠 질케(Moritz Zielke) 역시 무대 공포증을 잘 알고 있었다. 그는 10살 때부터 카메라 앞에 섰다. 이후 린덴슈트라세에 캐스팅되기도 한 그는 개인적인 경험들로 감수성 훈련을 잘 알고 있었다. 때문에 의식적인 호흡이 감정을 기본적으로 다루는 데 특히 무대 공포증에 어떤 도움을 주는지 이야기해 줬다.

> 모리츠 질케: 무대 공포증은 제가 잘 알죠. 여기 카메라가 있어요. 빨간불이 들어오죠. 그러면 긴장으로 모든 걸 망쳐 버릴 수도 있어요. 밖에서 관찰되고 평가될 때도 그렇죠. 저는 누구보다 이 상황을 잘 알아요. 이렇게 절박하고 당황스런 순간에 가장 중요한 것은 인지하는 거예요. '어디가 경직되어 있지?', '어느 곳을 편하게 하면 호흡이 자연스럽게 계속 흘러 나갈 수 있지?'를요.
> 최근에 마음 챙김과 의식적 호흡을 연습하면서 이걸 처음으로 깨달았어요. 거절당할지도 모른

다는 두려움 없이 영화든 어디든 대부분 귀를 열고 말하고 들어요. 많은 사람이 이런 태도를 더 편안해 해요. 이건 지극히 인간적인 현상일 뿐 아니라 제 자신을 상대에게 더 친숙하게 만들어 주죠. 저 자신에게 집중한 다음 이렇게 물어봐요. '일어날 수 있는 최악의 상황이 뭔데? 지금 네 기분이 불편하다고 해서 그 누구도 너를 자르거나 네게 총을 겨누지 않아. 지진이 일어나지도 않았고 지옥에 끌려가지도 않아! 잘 봐! 지금 현실은 어떻지?'라고요.

이런 마음 챙김과 의식은 긴장을 풀어내는 데 도움이 돼요. 의식적 호흡은 그저 계속 호흡이 유지되도록 돕고 있어요. 식은땀이 흐르면 인지하죠. '어디가 긴장되어 있는 거지? 뭣 때문에 호흡이 가빠지지?' 하고 저 스스로에게 묻는 거죠. 몸은 배우뿐 아니라 모든 사람에게 하나의 악기와 같아요. 이런 상황에서는 더하죠. 실제로 경험해 봐야 안정을 찾는 법도 알아낼 수 있어요. 아마도 이런 걸 거예요. 심장이 계속 미치게 뛰어대도, 식은땀이 흘러도 최대한 안정감을 찾고 경험하는 것. 그럼 그렇게 돼요. 상황이 이렇든 저렇든 계속해서 호흡하는 거죠."

나:　　　　　의식적 호흡의 효과를 어떻게 설명하시겠어요?

모리츠 질케: 의식적 호흡은 뭔가를 도출하는 거예요. 우선은 거기 있어도 보지 못했을 그 무언가를 드러내는 거죠. 호흡은 주의력을 집중시키는 일과도 연관되는데 우리가 신체적 느낌이나 감정을 구석구석까지 알아내고 파악하도록 도와줘요. 보이고 드러나면 정돈되고 수용되죠. 그리고 그곳에 있도록 허락하는 거예요. 억누르지 않아요. 그렇게 하면 그것은 힘을 잃고 말거든요.

나:　　　　　뭐가 힘을 잃는다는 거죠?

모리츠 질케: 아! 그건 어린 시절 쌓아 둔 사고방식들 그리고 오해의 생각과 감정들이에요. 그럼 삶이 얼마나 천진난만하게 그 뒤에 서 있었는지를 알게 될 거예요! 얼마나 커다란 벽이 생각을 가로막고 서 있었는지, 정신은 또 얼마나 모든 걸 복잡하게 만들어 버렸는지를요! 그런 생각들 때문에 숲을 보지 못하고 사람을 보지 못하게 된 거죠. 영혼을 더는 느낄 수 없었을 테니까요.

나:　　　　　이제는 무대 공포증을 덜 느끼나요? 그렇게 말할 수 있는 상태가 되었나요?

모리츠 질케: 네. 그렇다고 말할 수 있겠네요. 최상의 상태로서 저는 더욱 자신 있어졌어요. 저와 더 가까워졌죠. 이것도 말해야 할 것 같아요. 많은 사람이 언젠가는 끔찍한 혼란스러움이 완전히 사라질 거라 희망하죠. 하지만 그렇게는 안 돼요. 오히려 더한 반격을 받기도 해요. 또다시 튀어 올라 삼킬 듯 집어삼키고 말 거예요. 하지만 연습을 통해 그로부터 얻은 경험을 쌓아 놓으면 더 빨리, 더 깊이 평온한 상태로 되돌려놓을 수 있어요.

때론 저 밑바닥이 흔들거려도 자신에게 더 확신하게 돼요. 그것도 점점 더 많이요. 제가 되뇌는 한 가지 사실이 있어요. 예전으로 되돌아가지는 않겠다는 거죠. 더는 되돌릴 수 없어요. 이런 평온함을 전부 잊어버리고 두려움에 묶여 살지 않겠다고요. 그 모든 걸 다루면서 얼마나 평온한지를 느껴 봤는걸요. 뚜껑은 요만큼 열려 있고 더는 닫히지 않아요.

나: 요즘엔 주로 어떻게 감정들을 다루고 있죠?

모리츠 질케: 감수성 훈련으로 감정을 의식적으로 다루는 방법을 찾아냈어요. 다행인 건 감정들이 저를 움켜쥐지도 흔들어 대지도 않는다는 거예요. 저 자신

미안하지만 스트레스가 아니라

과 좀 거리를 둔 채로 이 감정들을 더 많이 더 명확하게 볼 수 있게 되었다는 거죠. 이건 배우인 제게 정말 유용해요. 그냥 멋져요. 이게 얼마나 더 빨리 가능한지 확인하는 것도 재미있어요. 물론 매번 성공하는 건 아녜요. 힘겨운 두려움들이나 감정들도 있어요. 그렇지만 분명히 거기서 헤쳐 나올 수 있어요. 정말 멋지지 않나요? 이건 정말 제 의식의 세계가 완전히 넓어졌다는 증거잖아요.

잘못의 감옥

일상에서 우리는 감정과 느낌을 섞는다. 또 이 두 가지를 생각과 혼동한다. 그래서 우리는 위기 상황에서 누군가 "지금 기분이 어때?"라고 물었을 때 "뭔가 잘못된 기분이야", "소외된 기분이야", "부당한 대우를 받는 느낌이야"라고 답하곤 한다. 무엇이 잘못되었는지 알겠는가? 우리는 아무렇지 않게 생각으로 답하고 있었다.

우리는 '잘못된 기분이야'라는 말로 어떤 이야기를 지어 낸다. 잘못이 이렇게 느낌이 되겠는가? 느낌 그 자체는 배에서 느껴지는 압박, 목이나 가슴에 느껴지는 조임 등이다. 더도 덜도 아니다! 그게 잘못으로 인식된 느낌의 전부다.

뭔가를 잘못했다고 믿는, 뭔가를 잘못했을지 모른다는 그 순간 생각에 따라 만들어진 감정은 잘못이라는 개념으로 튀어 오르게 된다. 이 개념은 우리를 잘못의 감옥에 가둔다. 그리고 스스로에게 벌을 내리게 한다.

이는 특히 종교에서 자주 사용되었고 효과적이었는데 독실한 종교 국가인 폴란드에서는 요즘 악마를 쫓는 행위가 증가하고 있다고 한다. 동성애자들은 그들의 성생활에 죄책감을 느껴 수도자를 자주 찾아간다. 동성애자들은 자신들의 행동 가운데 무언가가 악마를 데려왔다고 믿는다. 죄책감 이면에는 오직 불안감만 있다. 세례로 구원된다는 믿음에서가 아닌 무언가를 잘못했다는 어린아이의 불안감 말이다.

잠시 관점을 돌려 잘못이라는 개념이 없다면 어떻게 될지 살펴보자. 누군가를 살해한 피의자는 100퍼센트 누군가의 죽음에 책임이 있다. 그는 자신의 행동에 책임을 져야 한다. 그가 범행을 저지르던 그 운명적 순간 동안은 제정신을 차릴 수 없었고 다른 행동을 취할 수 없었다고 해도, 그에게서 사과를 받아들일 만한 그 어떤 행동도 찾기 힘든 것이 사실이다. 그럼에도 그는 "지금 너무나 큰 죄책감을 느끼고 있어요"라고 말한다. 이 죄책감은 오히려 피의자를 피해자로 둔갑시킨다.

죄책감과 관련해 거의 매번 논쟁의 대상이 되는 이 극단적 예를 제쳐 두더라도 우리 속 너무나 많은 사람이 비합리적인 죄책감 콤플렉스에 빠져 고통받고 있다. 스스로는 거의 알아차리지 못하지만 긴장된 행동 속에 자신을 가두고는 미묘한 두려움들에 고통받고 있다.

그들은 죄책감을 느끼고 다시금 잘하려고 애쓴다. 많은 이가 다른 사람의 느낌과 감정에 대한 책임이 자신에게 있다는 잘못된 생각을 믿으며 괴로워한다. 자신이 충분히 친절하다면 다른 사람이 행복할 거라고 믿는다. 그가 행복하지 않으면 자신의 잘못이 된다. 상담자 중 많은 사람이 자신의 배우자들이 보일 또는 보이지 않을 정서적 반응에 죄책감을 느끼게 되는 것이 두려워 배우자들에게 있는 그대로 이야기할 수 없었다고 말했다. 잘못에 관한 이 불편한 관점을 통찰할 줄 아는 사람만이 목을 쥐는 것 같은 불편함에서 벗어나 자유롭게 행동할 수 있다.

잘못은 생각이다.
감정은 두려움이다.
느낌은 압박, 조임 같은 증상이다.

우리는 지금껏 살면서 생각과 감정, 느낌을 확인하는 연습을 해 오지 않았다. 대신 무언가와 엉킨 실뭉치를 안고 살아왔다. 그러니 분리는 극단적인 상황에서 벗어날 수 있는 출구를 분명히 보여 준다. 이제 문을 통과해 나가야 한다.

생각과 감정, 느낌을 이름 짓고 구분할 줄 아는 사람은 자신이 겪고 있는 일에서도 거리를 둘 수 있다. 당신은 이제 조금씩 관점을 바꿀 수 있다. 문제 안에 꼭 박혀 혼란스럽던 과거를 뒤로하고 이제 바깥쪽에서 안을 들여다봐야 한다는 걸 알고 있다. 혼란스럽고 화가 나고 흥분했을 때도 감정과 느낌들을 어떻게 다뤄야 하는지를 당신은 배우고 있다.

종종 사람은 감정을 예전 일들과 정신적으로 연결한다. 이미 오래전 지나간 일에 말이다. 남아 있는 건 압박과 조임 같은 경험의 흔적들이다. 이런 것들에서 균형을 잡지 못하면 계속해서 이 감정을 경험해야 한다. 감정들은 일정 톤과 진동을 만들어 내는데 이건 상대에게 드러날 수 있다.

음악가나 예술가뿐 아니라 정치인, 의욕 넘치는 회사 임원들, 대중 앞에서 자신의 탁월함을 뽐내고 싶어 하는 사람들도 이런 의사소통 방식으로 특정 감정을 불러내는 게 가능하다. 다른 사람의 노리갯감이 되지 않으려면 자신의 감정을 잘 다루는 것 외에는 방법이 없다. 그렇게 할 때 균형을 유지할 수 있으며 나만의 주권을 유지해 나갈 수 있다. 압박, 분노, 슬픔, 두려움에 빠져 있는 한 결코 그 상황에 맞는 명확한 판단을 내릴 수 없다. 이런 감정을 갖는 게 싫다면서도 실상은 이렇게 말하기 일쑤다.

"나는 무지개가 좋아. 그렇지만 빨간색은 싫어! 내 주변의 빨간색 물건이 다 사라졌으면 좋겠어!"

감정은 지극히 중립적이며 문제가 되지 않는다. 나쁘다는 우리의 판단, 빨간색에 꽁꽁 묶어 놓은 감정의 이야기, 그게 문제다.

감정은 언제나 내 몸에서 활동하지 않는다. 사고방식에서 벗어났을 때 분노 같은 것들이 발동을 거는 것일 뿐이다. 마음속 내 비게이션은 이때를 놓치지 않고 이렇게 소리친다.

"야, 이거 봐! 뭔가가 잘못되었어! 지금 막 경로에서 벗어났잖아!'

이렇게 조금이라도 다른 상황이 벌어지면 감정들은 스멀스멀 올라온다.

물론 인간에게는 감정이 있다. 달라이 라마도 화를 안다. 하지만 그는 화를 느끼는 순간이 많지 않고 설령 느꼈다 해도 그 기분을 재빨리 없앨 줄 안다. 우리도 그렇게 할 수 있다. 연습을 한다면 말이다.

---• ## 몸은 거짓말하지 않는다 ～～～

그렇다면 감정들은 어떻게 다룰 수 있을까? 정답은 호흡이다. 당황스러운 상황에서도 계속 호흡을 유지할 수 있어야 한다. 호흡은 삶이고 삶의 에너지고 연결이다. 가쁘게 숨을 내쉬거나 아예 숨을 참아 버리면 매번 이 힘에서 떨어져 나간다. 지금 당장 필요한 힘을 더는 쓸 수 없게 된다. 힘든 순간에도 호흡을 그대로

흐르도록 내버려 둘 수 있는 사람은 위기 상황에서도 자신을 자유롭게 만들 뿐만 아니라 경험도 쌓는다.

인간은 의식적으로 삶의 에너지에 영향을 미치며 삶이 갖는 신비로움에 천천히 다가가는 유일한 존재다. 그런 인간에게 호흡 훈련은 감수성 훈련의 중심이고 출발점이다. 영성과 관련된 대표적인 전통들 역시 의식적 호흡을 가르친다. 마음 챙김을 통해 호흡에 주의를 기울이고 본연의 몸과 감정 그리고 숨어 있던 느낌들에 의식적으로 더 깊이 다가간다. 무엇보다 호흡을 통해 자신의 삶에서 자기 역할을 이해해 나간다.

하지만 평온하고 자연스러운 호흡의 연마를 멈추면 예전과 같은 일상으로 돌아가고 만다. 원하지 않은 일들을 계속 경험하고 신체적인 제약이 뒤따르며 자신이 그런 상태에 다시 놓여 있다는 것을 알아차리지도 못한다. 다시 들숨과 날숨에 문제가 생기고 숨이 차거나 몸은 한껏 긴장되기 시작한다. 경직과 공포가 우리의 정신을 구석에 처박아 버린다.

고통스러운 상황에 맞닥뜨렸을 때 저마다 호흡법은 다르다. 숨이 가빠지는 사람도 있고 숨을 아예 참아 버리는 사람도 있다. 이것은 긍정적인 상황에서도 비슷하다. 사실 우리는 통제되지 않는 아이 때부터 통제할 것을 종용받아 왔다. 저항으로 가득 차 여기저기 막혀 버린 몸을 갖고 있다. 이것들은 언젠가 신체적 고통이나 질환, 감정 폭발, 삶의 위기 같은 모습으로 드러날 것이다. 몸은 거짓말하지 않는다.

나는 살면서 순식간에 완전히 자유롭게, 편안하게 호흡할 수 있는 사람을 거의 보지 못했다. 극소수의 사람만이 그렇게 할 수 있으니까. 나 역시 수년간 연습하면서 터득할 수 있었다. 우리는 자신의 삶에 에너지를 불러오는 다양한 것에 등을 돌린다. 더 깊이 더 호흡할수록 많은 걸 느끼기에 오히려 두려워한다. 명상을 멀리하고 깊은 호흡을 하지 않으려는 이유다. 대부분의 사람이 들숨 때 숨을 더 들이쉬는 것을 이루 말할 수 없이 힘들어 한다. 날숨 때 완전히 숨을 내쉬는 것을 해내지 못한다. 얕은 호흡이 일상이 된 탓이다. 우리는 정말 이상한 호흡을 해 왔다.

그러나 더 다채롭고 더 명확한 경험은 그 무엇과도 비교할 수 없다. 머릿속 두려움은 '혼란을 만들 그 무엇도 그려 내지 마'라고 속삭인다. 이렇게 수년간 불명확하게 인지하고 겁내는 법을 학습해 왔다. 아래 작은 테스트를 해 보자.

미안하지만 스트레스가 아니라

[**Mind-Shift 18**]

똑바로 앉아 보자. 두 손을 배에 얹은 다음, 깊게 숨을 들이쉬어 보자.

들숨 때 당신의 배는 어느 방향으로 움직이는가? 배를 안으로 혹은 위로 당기는가? 아니면 배는 바깥쪽 혹은 아래로 움직이는가?

깊게 숨을 내쉬어 보자. 지금 배는 어떤 상태인가?

── • 야, 내버려 두지 못하잖아! ～～～

많은 사람이 들숨 때 안쪽 혹은 위쪽으로 배를 당긴다. 날씬해 보이기는 하지만 호흡의 자연 흐름과는 정반대다. 더구나 불필요하게 어깨를 위로 들썩거리고 턱을 고정하며 무의식적으로 긴장한다. 날숨 때는 다시 불필요하게 몸을 앞으로 내민다. 날숨은 수동적이어서 그저 내버려 두기만 하면 되는데 말이다.

당신의 호흡이 당신을 들이마신다!

삶의 에너지는 흘러나간다. 에너지는 흘러나가는 것 외엔 아무것도 하고 싶지 않다. 모든 게 호흡하고 움직이며 열리고 닫힌다. 확장되었다 다시금 줄어든다. 끝없는 순환의 연속이다. 호흡은 삶에 있어 필수적이기도 하지만 삶의 에너지 그 자체다. 호흡이 저지되면 삶도 저지된다. 호흡을 길게 하면 우리 삶도 깊어진다. 호흡은 자유와 자기실현으로 향하는 가장 빠른 길이다.

사실 자연 상태 그대로 모든 걸 내버려 둬야 한다. 그럼 우리는 자유롭다. 원래는 그렇다! 우리의 삶은 들숨으로 시작해서 날숨으로 끝난다.

아기였을 때는 아주 정확하게 알고 있었다. 보호받는 안전한 환경 속에서 우리는 깊고 편안하게 숨을 쉬었다. 들숨 때 폐가 확장되고 배는 아치형이 되며 골반은 벌어진다. 날숨 때는 모든 게 다시금 편안해지고 평평하게 된다. 폐는 완전히 꽉 채워졌고 호흡은 자유롭게 우리 몸을 통과해 나간다. 우리 본연의 모습에 더 가까워지면 몸과 일치된다. 기쁨이든 고통이든 할 것 없이 아기들은 온몸으로 자신의 느낌을 표현한다. 신체적·정신적 상태와 상관없이 온전한 영혼이 깃든 온전한 존재로 있는다. 하지만 호흡이 계속되면서 자신은 불충분한 존재라는 걸 알아간다. 혼자서는 살아남을 수 없다는 사실을 알게 된다.

미안하지만 스트레스가 아니라

삶과 배움이 시작되고 이렇게 개개인의 이야기는 전개되어 간다. 몸과 정신 체계를 진압한 일종의 생존 전략들을 만들어 나 간다. 깊숙이 숨겨진 깨달음과 갈망들을 뒤로하고 안락한 낙원 에서 떠나 버린다.

하지만 사실은 이렇다. 당신은 할 수 있다! 자연스럽게 호흡 에 자신을 내맡길 수 있으면 호흡은 당신을 평온함으로 이끌어 준다. 당신이 해야 할 일이나 할 수 있는 일이나 알아야만 할 일 이 전혀 없음을 느끼게 되면 경계와 긴장과 경직이 모두 풀리는 놀라운 일이 벌어진다. 나쁜 감정들은 후다닥 몸을 빠져나가고 새롭고 에너지가 흐르는 기분을 그리고 자신만의 힘을 느끼게 된다. 얼마 전까지만 해도 몸이 닫힌 채 힘이 거의 없던 곳에서도 불현듯 에너지가 흐르는 걸 느낀다. 처음에는 거부감이 들지만 시간이 지나면서 사라진다.

이제 호흡은 넓어져 간다. 가벼워짐과 동시에 즐거움이 느껴 진다.

마지막 요동

"처음으로 베아타와 일대일 면담을 했을 때 기분 좋게 그녀와 마주하며 의자에 앉았어요. 신뢰로 가득한 그녀의 눈을 바라봤죠. 우선 제 삶에서 큰 사건들 위주로 이야기를 나눴어요. 우리가 그렇게 이야기를 나누는 동안 놀랍게도 제 안에서 어떤 그림 하나가 떠올랐죠. 제가 종종 느끼던 어떤 장면이었어요. 저와 다른 사람들 사이에 플렉시 유리판이 놓여 있는 것 같은 느낌의 그림이요.

사람들의 이야기를 저는 들을 수 있어요. 그들도 저를 보고 들을 수 있죠. 하지만 우리 사이를 무언가 가로막고 있었어요. 베아타에게 이 그림에 대해 이야기했더니 그녀는 제 호흡을 그 흐름에 집중하도록 만들더군요. 더 깊이 호흡하고 내쉬면서 저와 제 몸이 하나가 된 느낌이 들도록 이끌어 줬어요. 몇 번 호흡했을 뿐인데 이미 제 안에서는 슬픔이 올라왔어요. 알지 못한 아주 강한 슬픔이요. 내 안에 두고 싶지 않은 슬픔이었어요. 목구멍부터 작은 훌쩍거림이 올라오자 저는 울기 시작했죠. 처음에는 작은 요동이 일었어요. 진정도 되었다가 잠시 쉬기도 했다가. 하지만 요동은 점점 더 커졌어요. 고통스러웠지만 저는 보호받고 있음을 느꼈어요. 베아타가 곁에 있다는 걸 느끼고 있었고 목소리를 들을 수 있었으니까요. 베아타가 부드럽게 이끌어 주는 대로 제 호흡을 느낄 수 있었습니다.

마지막 요동이 잠재워졌을 때 저는 따사로움과 부드러움을 느낄 수 있었어요. 전율도 느껴졌죠. 깊은 감동과 선명한 감각이 느껴졌어요. 지금 막 태어난 것처럼요. 그 뒤로 계속된 면담들을 통해 낯섦에 대한 저의 지각들, 수십 년에 걸쳐 있던 그 플렉시 유리판을 계속해서 빼낼 수 있었어요. 이전의 아픔들은 투명한 형태로 나와 그 사람들 사이를 비집고 들어왔던 거죠. 호흡을 계속해 나가면서 이 아픔을 느낄 수 있었고 제 안에서 빠져나가게 할 수 있었어요.

요즘 저는 지금껏 알지 못한 진정성과 솔직함으로 사람들을 마주할 수 있어요. 다양하고도 행복한 만남을 경험하죠. 전혀 모르는 사람들과도 말이에요. 활용할 수 있는 힘이 많이 생겼어요. 지금까지 확신하지 못했는데 이제는 삶의 새로운 영역에도 저를 내맡길 수 있게 되었어요. 청각과 시각적인 인상에 굉장히 예민했는데 첫 번째 호흡 이후 몇 달이 지나고 보니 놀라울 만큼 제 민감성이 거의 사라졌더군요. 웃으면서 확신하게 되었죠. 진정으로 평온한 상태를요."

호흡 그네

사실 우리는 자연적인 호흡의 흐름을 인위적인 호흡으로 끊는 데 익숙해져 있었다. 그렇기에 돌아가야 할 곳은 자유 즉 다시 호흡을 자유롭게 완전히 내버려 두는 것이다.

무언가가 당신을 사랑하거나 기쁨과 평온에서 빼내려고 할 때 이렇게 물어보자.

"자연스럽게 호흡을 계속할 수 있니? 놀랐을 때는? 혼란스럽거나 화가 날 때는? 혹은 걱정하고 있을 때는? 그런 때에도 의식적으로 호흡할 수 있니?"

몸은 어떤 감정에 있을 때나 똑같이 숨 쉬기를 원한다. 감정은 제 나름대로 일어나도록 내버려 두고 그대로 느끼면 언제 그랬냐는 듯 다시 누그러지고 사라진다. 감정에 반하지 않고 경험에 열린 자세를 취하게 된다.

땅에 마주 댄 발끝을 느껴 보자. 앉아 있다면 그 자리에 엉덩이를 바짝 붙인 다음 온전히 자신을 맡기고 에너지의 흐름을 느껴 보자. 엉덩이와 배에서 긴장을 풀어 버리자. 파도를 타는 것처럼 호흡 위에서 서핑을 해 보자. 호흡과 몸에 일어나는 현상들에 주의를 집중하자. 그 순간을 즐기자. 어떤 감정에서든 정말로 편안해질 수 있다면 지금보다 더 자유로운 날들을 보낼 수 있다. 밀

처 놓았던, 숨겨 놓았던 그리고 잃어버렸다고 느꼈던 가장 좋은 그 느낌을 말이다.

[**Mind-Shift 19**]

당신은 그네에 앉아 별다른 힘을 들이지 않고 앞으로 뒤로 왔다 갔다 하고 있다. 흔들려 올라간 그 끝은 절정이다. 그네가 꼭 공중에 멈춰 있는 것만 같다. 아주 짧은 순간이지만 세상이 꼭 멈춘 것만 같다.

당신은 힘껏 뒤로 흔들어 올라간다. 어떤 힘도 들이지 않았다. 스윙 끝에 당신은 멋진 고요를 새롭게 경험하고 있다. 이렇게 서로 연결된 원만하고 편안한 리듬으로 앞으로 뒤로 왔다 갔다 움직인다. 자연스럽게 호흡할 때 경험하게 되는 상태다.

절정의 순간이 들숨과 날숨 끝에 존재한다.

전 주니어 대표 농구선수이자 현재 독일 대표팀(U50) 선수인 프리츠 피스터(Fritz Forster)는 의식적 호흡에 관한 아주 감흥 깊은 경험을 했다.

"자진해서 호흡 훈련을 받았어요. 호흡은 늘 제 발목을 잡았거든요. 알레르기가 있거나 감기에 걸리면 늘 기관지가 말썽이었죠. 두렵거나 압박이 느껴져도 숨이 멎었어요. 운동선수로서도 호흡은 제게 치명적이었죠.

하지만 의식적인 호흡법 덕분에 많은 게 달라졌어요. 팀의 50번째 생일 직전 매듭이 풀렸죠. 생전 처음 자유롭게 호흡한 기분이었어요. 처음에는 이 새로운 힘으로 달리고 잠수도 하고 농구도 했죠. 두려움과 압박이 느껴지는 순간에도 이 자유로움과 더불어 깊게, 있는 힘껏 호흡을 할 수 있었어요."

의식적 호흡은 언제 어디서나 가능하다. 필요한 것은 한 가지에 오랫동안 주의를 기울일 수 있는 능력, 집중력이다.

[Mind-Shift 20]

앉거나 누워 보자. 5분에서 10분간 자신의 숨소리를 들어 보자. 편하게 숨 쉬어 보자. 익숙해져 있는 것보다 조금 더 깊게 숨을 쉬어 보자. 호흡을 더 잘 듣기 위해서다. 아주 부드러운 바닷소리를 듣는다고 상상해 보자.

규칙은 이렇다. 당신이 항로에서 벗어나 더는 들을 수 없다면 당신의 습관화된 생각이 다시금 올라왔다는 뜻이다. 그렇다면 당신의 정신을 다시 불러와 바닷소리 말고는 그 어떤 것에도 신경을 쓰지 못하도록 연습하자.

이를 즐겨라! 이 연습은 다람쥐 쳇바퀴에서 벗어날 능력을 현저히 높여 줄 것이다. 생각의 회전목마는 분명 멈출 것이다.

뭔가를 기다리는 상황에서는 더 없이 멋진 연습이다. 기다리지 말고 호흡하자.

4장

신체 영역

미안하지만 스트레스가 아니라

그 짧은 한마디

나는 자동차 사고에 집착한다. 발단은 이렇다. 아버지는 고속 도로에서 다른 차들을 추월할 때면 말 위에 앉아 있는 것 같은 행동을 취한다. 상체를 앞뒤로 흔들며 최고 속력을 낸다. 그럴 때마다 자주 자동차 사고가 났고 어린 나는 뒷자리에서 몇 번이나 이걸 지켜봤다.

1980년대였다. 당시에는 여름휴가 때 자동차로 장거리 여행을 하는 게 일반적이었다. 우리 가족도 1,200킬로미터를 달려 내가 태어난 곳 폴란드의 마주리아로 떠났다. 서독 경계부터는 사실상 도로가 없었다. 어쩌다 콘크리트 슬래브가 맞대어 놓여 있었고 커다란 홈들이 울퉁불퉁 팬 길이 대부분이었다. 어린 소녀인 내게 주어진 책임은 아빠가 졸지 않게 어깨를 두드리며 깨우는 것이었다. 아빠가 피곤해 하거나 눈이 감기는 것을 볼 때마다 무서운 마음이 들곤 했다. 그래서 몇 시간이고 참을성 있게 아빠의 어깨를 툭툭 치며 말도 안 되는 이야기를 종알종알 해 댔다. 이런 여행길에 사고가 나는 건 예견된 일이었다. 다행히 여러 번의 사고에도 다친 사람은 없었다.

우리 차가 완전히 찌그러졌던, 추돌 사고가 일어난 어느 여름날이었다. 나는 길가에 앉아 두려움에 떨며 우리 차를 바라봤다. 두 다리로 서 있지도 못할 만큼 무서웠고 이가 딱딱 부딪혔다. 남극이나 북극에 있는 듯 추웠다. 엄마는 내 곁으로 오더니 다급하게 물었다.

"어디 다쳤니? 아가?"

"아니요. 다치진 않았어요."

"그래? 그럼 됐어!"

겨우 그 짧은 한마디였다. 그런데 이상한 건 그 순간 벌벌 떨리던 심장과 몸이 일순간 멈췄다는 거다.

그로부터 20여 년이 흐른 지금 나는 도로에 차가 많으면 과민하게 반응한다. 차가 많다는 판단도 지극히 주관적이었다. 함께 차를 타고 가는 사람들은 그렇게 생각하지 않는 경우가 꽤 있었다. 보조석에 앉아 운전자에게 내 운명을 맡겨야 할 때, 앞차의 트렁크가 가까워질 때마다 내 마음속 방아쇠는 일순간 당겨졌다. 번개처럼 공포가 올라오고 온몸에 전기가 충전되는 것 같은 근질거림이 허벅지부터 느껴졌다. 나도 모르게 강한 거부감을 드러냈는데 나로서는 이런 반응과 신체적 느낌이 아주 당연하게 생각되었다. 심장이 쿵쾅거리고 가쁘게 숨을 쉬거나 잠시 숨을 멈추기도 했다. 이 치명적인 내 상태를 운전자가 알아차리기 훨씬 전부터 나는 예민하다 못해 공격적인 상태였고 있지도 않은 브레이크 페달을 연신 밟고 있었다.

신체의 기억 속에 두려움의 흔적이 남아 있으면 머릿속 영화에서 깨어나는 건 여간 어려운 게 아니다. 우리의 행동 방식을 계속 내버려 두면 우리 몸 역시 위협의 시나리오를 계속 내놓는다. 있지도 않은 위험들을 경험하게 되는 것이다.

두려움을 없애고 싶다면 우리의 몸도 무조건 함께해야 한다. 다른 방법은 없다. 사고를 상상하든, 실제로 겪든 신체는 상관없다. 두려움에 빠질수록, 두려움과 함께 감각적인 경험이 쌓일수록 몸은 그런 생각을 더 자주 현실로 받아들인다. 뇌와 몸은 생각과 현실 사이에서 거의 혹은 전혀 차이를 두지 않는다. 생각이 다중 감각적이기만 하면 저절로 믿게 된다.

실제로 나는 자동차 사고를 10년 가까이 연습하며 내 머릿속에 새긴 셈이다. 수없이 많은 추돌 사고를 머릿속에 그려 봤고 그럴 때마다 거듭 반복해서 공포심을 느꼈으며 이로 인해 내 머리에는 견고한 신경 회로가 만들어졌다. 사실 지난 20년간 무사고 경력을 갖고 있으면서도 말이다. 하지만 내 몸은 완전히 다르게 인식하고 있었다.

다행히도 이 모든 건 내게서 지나갔다. 잘못된 두려움으로 생겨난 지옥의 소용돌이에 갇혀 있던 지난 시간들은 더 이상 없다. 나는 내가 보이는 반응이 지극히 당연하다고 여겼다. 다른 사람이라도 내 상황이라면 똑같이 반응했을 거라고 말이다. 하지만 이제는 그게 얼마나 터무니없는 소리였는지 안다. 그건 오로지 무의식적으로 지속해서 반응하도록 내버려 둠으로써 어린 시절 자동차 사고를 현실에 계속 투영했기 때문이었다.

제기랄 순간

자동차 사고로 외상은 없었으니 나는 그 사고로부터 벗어나 있다고 생각해 왔다. 트라우마 치료사 데이비드 버셀리(David Berceli)를 만나기 전까지는.

트라우마를 갖고 있다고 생각한 건 아니었다. 단순히 직업적 관심으로 그의 워크숍에 참가했는데 결과적으로 내게는 그 선택이 행운이었다. 영혼이야말로 우리를 목표 지점까지 도달할 수 있도록 이끌어 주는 흥미로운 방법이라는 걸 깨달았기 때문이다.

특정 근육들을 소모하는 몇몇 예행연습을 마치고 나는 다른 사람들과 바닥에 누웠다. 몸이 떨렸다. 나는 오그라들었다가 다시 매트 위에 몸을 뉘였다. 모든 게 자연스럽게 이뤄지고 있었다. 아무것도 생각할 필요가 없는 상태. 그 누구도 내게서 끔찍한 일들을 불러일으키거나 나를 정서적으로 건드리지 않았다. 몸은 저절로 자극을 줘 자신을 막고 있던 것을 찾아내고 제거하는 데 필요한 만큼 움직인다. 신체의 기억 속에 저장된 두려움과 긴장도 푼다. 몸은 이 과정을 끝까지 해낸다.

어릴 때 겪은 큰 사고 직후 나는 내 몸이 떨리는 것을 어떻게 할 수가 없었다. 한마디로 그 자극은 자동이었고 즉각적이었다. 놀라서 몸이 얼어붙어 더는 움직일 수 없었다. 긴장을 풀거나 치유하는 데 필요한 공기와 시간을 갖지 못해 몸은 그 경험을 저장했다. 이 경험이 몸 안에 계속 붙잡혀 있던 셈이다. 우리가 언젠가 이런 감정의 치료를 끝내 버리고 마칠 수 있게 될 때까지, 두려움에 대한 정보를 지워 버리고 새로운 기억들로 덮어 버릴 때까지 말이다.

우리는 기억이나 머릿속 환상, 어떤 끔찍한 상황을 다시 끄집어낼 필요가 없다. 신체가 기억하고 있기에 그렇다. 신체의 기억에는 더위 · 추위 · 압박 · 긴장 · 중단 · 연약함 · 강함 · 마비 · 부드러움 같은 사고적 판단도 필요하지 않다. 오히려 이성적으로 생각해 내는 게 필요 없을 정도다. 그렇기에 어떤 사건의 이야기를 해석하고 과거 경험 속으로 집어넣는 것은 치료에 아무 도움이 되지 않는다. 해석과 판단 과정에서 오히려 자신을 가로막는 결과를 낳을지도 모른다.

몸은 느끼는 그대로 행하고 흘려보내도록 허락한다. 거부하지 않을 때 경험과 트라우마를 저장할 이유가 없어진다. 그 자체로 모두 방출해 버리기 때문이다.

제정신임?

내 옆에는 다양한 분야의 치료사들도 함께 누워 있었다. 그들의 몸도 움찔거리며 흔들리고 있었다. 동작을 따라 하다 미친 듯 웃어 대는 사람도 있었다. 어깨를 들썩거리고 목을 길게 늘어뜨리거나 엉덩이를 흔들고 중심을 잡지 못해 위아래로 통통거리는 이들도 있었다. 다리를 쭉쭉 뻗어 보기도 하고 보이지 않는 악기를 연주하는 것처럼 손가락을 톡톡거리는 이들도 있었다. 모두 정신없는 움직임뿐이었다.

우리는 21세기에 산다. 유전자를 복사하고 돼지 귀를 3D 영상으로 찍어 낼 수 있다. 그런데 인간에게 가장 중요한 신체적 긴장 이완 메커니즘은 예나 지금이나 간과하고 있다. 나는 속으로 중얼거렸다.

'젠장! 왜 이런 중요한 걸 트라우마 치료에서만 가르치고 있는 거야!'

그저 한 부분일 뿐이에요

모든 생물은 트라우마를 겪는다. 그리고 트라우마로부터 배우고 다시금 거기서 벗어나게끔 만들어져 있다. 제일 강한 트라우마 경험 중 하나는 당신의 존재 이유와 관련되어 있다. 그건 바로 출생이다! 기억하지 못하겠지만 이건 대단한 경험이다. 출생은 우리를 통해 그 경험의 흔적을 남긴다.

자전거를 배우다 넘어진 기억처럼 누구나 잘하지 못하는 운동으로 어려움에 부딪혀 봤으며, 어쩌면 뼈가 부러진 경험도 해 봤다. 사고를 당하거나 내면으로 여러 아픔도 겪었다. 10여 년이

지난 일이라도 자신의 안녕에 영향을 미칠 흔적들은 우리의 여러 체계 안에 남아 있다. 사랑하는 사람의 죽음이나 힘겨운 인간관계, 스트레스를 주는 직장 생활 등 심적으로 칼에 베인 듯한 경험들을 모두가 삶의 일부처럼 안고 있다. 그렇게 이들은 우리 몸 안에 새겨져 기억의 흔적을 남긴다.

[**Mind-Shift 21**]

엄청나게 화가 솟구쳐 오르는 상황이 있는가? 몸에 반응이 나타났던 마지막 때를 기억하는가?

의자에 가만히 앉아 있지 못하고 그 공간을 박차고 나가고 싶은 기분을 느꼈는가? 다른 사람들보다 더 빨리 놀라는가? 불공정한 대우를 받고 있다는 기분만으로도 화가 끓어 오르는가?

화가 나서 때때로 폭발하는가 아니면 그저 고개를 절레절레 흔드는가? 반복되는 상황들 중에 특히 화가 더 나는 때는 언제인가? 목이 꽉 막히거나 쥐어짜는 듯한 기분을 아는가?

알고 하는가 아니면 그저 갑자기 일어나는가?

그러므로 트라우마는 우리 인간에게 있어 그저 발전해 가는 한 부분일 뿐이다. 발전하는 데 있어 그 사건들은 메타 경험에 속한다. 이런 경험들은 우리의 사고방식뿐만 아니라 신체적 행동 방식도 발달하게 하고 미래를 위한 물리적 해결 방식도 찾아내게 한다. 어떤 사람들은 어려움 앞에서 수동적인 태도로 몸을 움츠리고 거북이처럼 등껍질 속으로 숨어 버리지만 또 어떤 이들은 이를 악물고 싸운다. 그리고 어떻게든 빠져나간다. 그렇지만 그렇게 견뎌 냈다고 해서 우리 몸이 이 경험을 기억하지 않는 건 아니다. 두려움의 흔적은 우리 몸과 신경계에 숨겨 있다. 그리고 이것들이 우리 삶에 미치는 영향은 너무나 크다.

너무나 보편적인 질병

두려움이나 놀람이 일상화된 사람은 특정 상황에서 더 빨리 자극받고 그 상황에 적합한 반응보다 훨씬 더 큰 반응을 보인다. 자신이 생각하기에는 지극히 당연한 반응일 거다. 두려움에 대한 신체적 반응은 인지 기능이나 집중하는 데 어려움을 준다. 또

한 쉽게 예민해지며 수면 장애를 낳기도 한다. 만성질환이나 소화 문제 · 섭식 장애 · 천식 같은 호흡 질환이나 감염 등에도 훨씬 더 많이 노출된다.

사실 이런 질환들의 열거는 놀랍지도 않다. 현대사회인 전체가 보편적으로 가진 병들 아닌가! 하지만 이보다 심각한 문제는 하루하루 점점 더 많은 압박으로 고통받고 있다는 사실을 우리가 모르고 있다는 데 있다. 이런 패턴에서 벗어나고 나서야 비로소 자신이 어떤 상태에 놓여 있었는지 깨달을 정도다.

이제라도 위협으로 여기던 상황에 부딪치더라도 아무것도 하지 않기를 바란다. 그렇게 할 수 있을 때 자신을 폭발하게 만드는 상황도 그 자체로 사라져 버린다. 이제 이 순간들에 더 이상 아무 전략도 필요 없게 되는 것이다. 압박에 더는 시달리지 않게 되고 예전의 행동 양식들에 그저 웃어 버리게 될지도 모른다. 늦어도 그때는 당신이 뭔가를 바꿨다는 사실을 알게 될 것이다. 이 과정은 서서히 일어난다. 위협적인 반응들 사이의 거리는 점점 더 멀어지게 되고 동시에 그 위협을 강하게 느끼지 않게 된다.

언젠가 자신이 보통 때와 완전히 다르게 반응하고 있다는 걸 새삼 느끼는 순간이 온다. 그럴 때 당신은 배우자나 아이가 매우 화가 나 있어도 그들을 바라보며 그저 미소 지으며 '어떻게 도와줄까?'를 생각하게 된다. 도시의 사이렌 소리에 더는 움찔거리지 않고 도로 정체 속에서도 편안히 머무르며 불현듯 기다림의 시간을 즐기게 된다. 그 뜻하지 않은 시간 동안 자신을 만날 기회로 삼기 때문이다. 삶은 이렇게나 달라진다. 알록달록한 형형색색으로 더 가볍게 변화하는 사이 두려움은 덜해진다. 몸 안에서 더 한 안전감을 느끼게 되고 감각들을 더 풍부하게 느껴 나간다. 더 충만한 행복감과 함께 자신을 더 잘 느낄 수 있게 된다. 새로운 경험들을 만들어 나가고 두려움은 점차 작아진다. 당신 자신의 삶을 그 어느 때보다 신뢰하게 된다. 한마디로 당신 본연의 모습에 점점 더 가까워진다. 하지만 그게 어떻게 가능할까?

이 장의 마지막 부분에서 신경성 떨림을 어떻게 경험할 수 있는지 자세하게 알아보자. 그 전에 먼저 흥미로운 사실 몇 가지를 조금 더 살펴보자.

신경성 떨림

버셀리는 다양한 문화적 배경을 가진 사람들과 전쟁터에서 보낸 하룻밤 이야기를 들려줬다. 언어와 환경이 모두 달랐던 이들은 어느 집 지하실에 모여 몸을 피하고 있었다. 그때 폭탄이 집

앞마당에 떨어졌다. 이들은 하나같이 어깨를 움츠렸다. 꼭 태아의 모습 같았다.

그가 기억하는 또 다른 사건은 전쟁터에서 두려움에 떠는 아이를 안고 있던 때였다. 자신도 두려움을 느꼈지만 아이들 앞에서 약한 모습을 보일 수 없어 모든 정신을 한데 끌어모아 담대하려고 애썼다. 이 상황에서 버셀리는 무엇이 모두를 똑같이 움찔거리고 떨게 만드는지 그 메커니즘을 알고 싶었다. 이후 그는 상체를 다리 쪽으로 끌어당기고 등에 온 힘을 주며 경직되었다가도 위기 상황을 벗어났을 때 다시금 이완되는 근육 구조에 대한 연구를 시작했다.

참고로 여기에 소개되는 방법은 전문적이지 않다.
다만 노련한 치료사들은 이 방법을 활용해 치료를 극대화시키고 있다.

버셀리는 전쟁이나 위기 상황을 겪고 트라우마를 가진 사람들을 돕고 있다. 그들이 사용하는 언어가 워낙 다양해서 전혀 의사소통을 할 수 없는 경우도 다반사다. 수백 명의 군인이나 참전 용사들, 자연재해에서 살아남은 사람들을 동시에 만나는 일도 흔했다. 하지만 버셀리는 이들의 심리적 측면이 아닌 신체의 신경 반응이 보이는 트라우마를 없애고 있었고 그래서 소통은 문제가 되지 않았다.

몸은 놀람에 반응할 때마다 긴장 이완 반응이 함께 나타난다. 몸이 긴장되면 신경성 떨림을 통해 극도의 긴장 상태를 없앨 수 있다.

나는 궁금한 마음에 버셀리에게 물었다.

"제 트라우마도 완전히 없어졌나요?"

버셀리는 누구나 트라우마를 해결할 수 있다고 확신했다. 실제로 몸은 언제라도 트라우마를 버리고 있다고 했다. 뇌가 몽상에 사로잡힌 나머지 신체가 트라우마를 제거하는 동안 인지하지 못할 때가 많다는 거였다. 위협이라고 느끼는 순간 정신을 바짝 차리고 이를 악물며 살아온 나머지, 긴장이 풀렸다는 느낌을 모르거나 긴장이 이완을 허락하는 느낌이 어떤 건지 전혀 알 수가 없는 것이다.

우리 몸은 그토록 가까이 있고 사실 정신 역시 몸의 한가운데에 있지만 자기 자신과 이렇게나 멀리 떨어져 있는 게 어떻게 가능했을까? 힘들 때 가장 중요한 신체 반응을 더는 활용하지 않는 게 어떻게 가능할까?

여자애들은 떨어.
그런데 남자애들도 그래

"여자애들이나 떠는 거야, 너는 그러면 안 돼."

남자애들이 흔히 받는 경고다. 그렇게 남자애들은 떨리는 걸 꽉 부여잡고 부끄러워하라는 과제를 받는다. 반대로 이런 논리로 여자애들은 연약하고 나약한 존재로 평가된다. 하지만 여자애들도 떨고 남자애들도 떤다. 허락이 된다면 말이다. 남자애들도 똑같이 연약하고 나약하며 예민하다. 아이들은 혐오와 두려움에 맞닥뜨리면 그 감정을 털어 내고자 몸을 떤다. 그나마 아이들은 떨리는 자연스런 현상에 조금 더 가까이 있는 셈이다.

사실 우리 몸 역시 긴장 상태에서 몸을 떨고 싶어 한다. 누군가 쳐다보지 않는다고 느끼거나 스스로를 통제하지 않는 순간이라면 실제로 떨기도 한다. 잠이 들었을 때는 한 번이라도 더 다리를 뻗고 싶어 한다. 무언가에 자극될 때 특히 우리는 전율을 느낀다. 자연재해나 테러 공격을 받은 사람, 사고를 당하거나 엄청난 쇼크를 경험한 사람은 아무리 이성적이라 해도 떨림을 억누르지 못한다.

응급 전문의들은 트라우마를 겪은 사람 다수가 구급차에 타자마자 그들이 받은 충격으로 몸을 떤다는 사실을 알고 있다. 다

미안하지만 스트레스가 아니라

만 이들은 재빠르게 투여된 진정제 때문에 이 떨림을 방해받게 되고 결국 고스란히 스트레스 호르몬으로 몸에 남겨진다. 충격은 잠재워졌지만 떨림의 기억은 떨어져 나가지 못하는 것이다. 그래서 신경성 떨림은 치유 과정 중 하나라기보다 아픔의 증상으로 여겨지고 있다. 자연적인 현상이지만 병리적 상태로 분류되었기 때문이다.

그들 각자의 안전한 공간

버셀리 박사의 이야기를 더 들어 보자.

"신경성 떨림을 알게 된 어느 여름을 기점으로 응급 전문의로서의 제 경험들은 여러 측면으로 넓혀졌죠. 중상을 입었든 아니든 다양한 상황에 맞닥뜨린 환자 모두가 떨어요. 어떤 이들은 많게 어떤 이들은 적게요. 체온이 떨어지지 않았는데도 그래요. 몹시 더운 한여름에도 그렇죠. 어떤 때는 몸이 떨리면서 급격하게 에너지가 떨어지는 걸 막기 위해 환자에게 진정제를 투여해야 할 정도예요. 그렇지만 우리는 보편적으로 신체적 트라우마가 신체적 반응보다 미미하다고 알고 있죠.

이런 식으로 사람들이 경험한 트라우마는 다양한 방식으로 나타나요. 때론 몸을 떨면서 표현되죠. 의학적인 관점에서 몸이 떨지 못하게 제지받는 환자들이 있는데 사실 그들은 어떤 방해도 받지 않고 몸을 떨어야 해요. 어떤 경우에는 그 떨림 자체로 트라우마를 다루는 개별적인 과정이 시작된 것일 수도 있거든요.

신체적 요인과 관련이 없는 트라우마 사건들이 다양한 생활 영역에서 점차 많이 발생하고 있어요. 그들은 숨을 못 쉬거나 목이 꽉 죄어 오는 느낌, 가슴 답답함, 어지러움, 의식 상실, 구역질 등의 증상을 보이죠. 이런 환자들도 응급조치 때는 종종 몸을 떨어요. 심리적인 이유에서 비롯되지만 반응은 신체적으로 나타난 경우죠. 그 이면에는 인간관계 문제, 손실, 학교 공포 등이 관련되어 있어요.

종종 우리는 학교로도 나갑니다. 소방서로 연락이 오지만 응급 전문의가 곧바로 응대해야 할 상황들도 생기죠. 의식을 잃었거나 가슴 통증, 호흡곤란을 호소하는 경우예요. 신체적 질환을 호소하는 경우도 물론 있어요. 하지만 심리·사회적 원인으로 인해 외형적으로 극적인 증상들을 보이는 경우가 더 많아요. 좋지 않은 점수를 받았거나 학급 활동에 대한 두려움을 가지고 있거나 따돌림을 당하는 아이들이죠. 말하자면 스트레스가 높아진 아이들이에요. 의식을 잃기까지 체감상 10분 정도 걸리죠. 마비

증세·언어 상실·부동·호흡곤란·심장 떨림·경련·발작… 이런 증상들은 아주 흔한 심리적 트라우마 사건들에 기반합니다.

여러 응급 전문의가 동시에 학교에 오는 일도 있어요. 이 아이들은 응급차에 오르면 흔히 벌벌 떨어요. 이 안전한 공간이 한순간 몸을 떠는 것을 허용해 주는 문을 열어 줬다고 말할 수 있겠죠. 안전한 장소이자 학교에서 벗어난 곳, 집이 아닌 곳, 낯설지만 아는 곳, 도움을 주려고 온 구조대원들과 의사들이 있는 곳… 이때 느껴진 안전감은 몸이 떨리는 것을 허용합니다.

응급조치를 받을 때부터 즉 트라우마를 겪었고 필름이 끊기거나 정신을 잃지 않았기에 누군가가 자신을 돌봐 주며 그렇게 자신의 상태도 나아지고 있다는 걸 경험하는 사람들에게 중요한 건 아마도 그들이 이 모든 걸 견뎌 내고 또한 이를 확인하는 것일 겁니다. 응급 전문의들은 증상 중심으로 환자에게 접근합니다. 그에 대한 교육을 받기도 합니다. 환자들에게 안전감을 부여하고 그들 본연의 신체적인 반응들이 활성화되고 끊이지 않도록 내버려 두는 게 부가적으로 도움이 된다는 걸 아니까요."

우리가 무의식적으로
반복하는 패턴

자연에서 멀어질수록 우리의 두려움은 더 커지고 반응도 격해진다. 더 쉽게 두려움을 느끼거나 두려움을 일으키는 요인에 빠져든다. 두려움으로 꽉 찬 상태가 된다. 자연스레 작은 일에도 신경질적인 반응을 보인다. 그러면서 세상이 왜 미쳐 가는지 놀라워한다.

탐정처럼 확대경을 들고 신체적 트라우마를 살펴보면 이것이 나쁘지도 유해하지도 않다는 사실을 알게 된다. 정확히 따지면 아직 덜 끝난 경험들의 흔적이다.

만약 예상치 못한 상황에서 문이 갑자기 꽝 닫히면 당신은 순간적으로 숨을 멈추고 근육은 경직될 것이다. 몸은 당신을 보호하려고 근육을 수축한다. 말 그대로 당신을 놀라게 한다. 이후 다시금 긴장을 풀고 깊게 숨을 내쉬면 몸은 미묘하게 떨며 그간 축적해 둔 에너지를 내보낸다. 온몸으로 혹은 특정 부위가 근질거리는 것 같은 이런 느낌은 삶의 에너지가 다시금 자유로이 흘러갈 수 있다는 표시다. 아무것도 적히지 않은 백지상태로 삶을 향해 자유로이 계속해서 나아가게 한다. 얼마나 멋진 꿈인가!

우리는 자신에게 꼭 필요한 것을 모르고 있었다. 두렵고 놀라

미안하지만 스트레스가 아니라

운 일들 앞에서 자연스럽게 일어나는 과정인 이 신체적 해방 작업을 우리는 넘기고 있었다. 위협 상황에서 똑같은 패턴이 반복되고, 이 패턴을 깨뜨리고 없애는 방법이 있다는 사실조차 알지 못했다. 당신의 키가 얼마든 몸집이 얼마든 상관없다. 당신의 몸은 섬세하고 민감하다. 때로는 누구보다 남성적으로 보이는 사람이 다른 사람은 느끼지도 못하는 것을 먼저 인지하는 경우도 많다. 깃털만큼 가벼운 터치, 그 행복한 순간에도 트라우마는 존재한다. 월드컵 때 결정적인 순간에 페널티킥이 골문 위로 날아가 상대팀에게 승리를 내어 준 그 순간의 고통, 아이의 출생 같은 강력한 사건은 몇 년이 흘러도 우리 몸에 여전히 자리하고 있다. 다만 우리가 느끼지 못할 뿐이다.

트라우마는 누구에게나 자연스러운 경험이다. 이를 세 가지 단계로 분류하면 이렇다.

- 견디다 : 사건이 발생한다. 몸이 반응한다.
- 내려놓는다 : 위험은 지나갔다. 몸은 남아 있는 높은 긴장감을 내려놓는다.
- 이를 통해 배운다 : "나는 안전해." 긴장을 이완시켜도 좋다. 자유롭고 의식적인 행동이 앞으로 가능하다.

인간적 딜레마

사회화 과정을 통해 우리는 떨림을 나약함의 표시라 배웠고 그렇기에 이를 억눌러 왔다. 압박과 긴장을 내려놓지 못했다. 이 습관은 고착화되고 수시로 '견뎌!'라고 자신에게 윽박질러 왔다. "삶은 안전하지 않아! 나는 안전치 못해!"라고 말이다.

선택의 여지는 없다. 몸의 긴장은 뇌 영역에 위험이 아직 지나간 게 아니라는 신호를 보내기 때문이다. 반사작용을 담당하는 뇌줄기는 긴장 상태를 유지한다. 이성적으로 중단할 수 없는 악순환이 계속된다. 모든 것이 주의와 경고 상태여서 누군가 "두려워할 필요 없어"라고 말해도 이 상태에서는 설득력을 얻지 못한다. 그렇게 일상의 모습은 실제 이렇게 보인다.

- 견디다 : 사건이 발생한다. 몸이 반응한다.
- 내려놓는다 : 우리의 인지 상태에서는 위험이 지나가지 않았다. 고도의 긴장 상태가 계속된다.
- 이를 통해 배운다 : "나는 안전치 못해." 긴장은 풀 수 없다. 지금 상황에 과거 어떤 상황이 연상되면 패턴은 반복되고 더 강해진다. 잘못된 두려움을 계속 연습해 간다!

미안하지만 스트레스가 아니라

'나는 안전하지 않아'라는 결론과 판단은 심각한 오류다! 견뎌
냈으면 안전한 거다! 이미 시련은 지나갔다! 하지만 속이 부글부
글 끓어오르면서도 안전하다고 스스로 자신하는 것만으로는 충
분치 않다. 안전감은 모든 감각을 통해 겪어 봐야만 한다. 한 번
이 아니라 거듭 반복해서 말이다.

그런데 당신이 계속해서 벗어나게 해 달라고 소리치고 있다
면 어떻게 이런 경험을 할 수 있겠는가?

잘 모르는 선물

신경성 떨림은 몸이 생각해 낼 수 있는 가장 현명하고 건강한
방법이다! 이 전략을 긴장을 푸는 데 의식적으로 사용할 수도 있
다는 사실, 더구나 힘든 일을 겪은 바로 직후든 수년이 흐른 후든
시도할 수 있다는 사실은 혁신적이기까지 하다. 이 전략은 두려
움뿐만 아니라 긴장과 관련된 모든 경우에 도움이 된다.

신경성 떨림 외에 무의식적 행동 패턴으로도 몸은 표현될 수
있다. 어떤 경우에는 몸을 꼬거나 흔들흔들하고, 어떤 때는 쭉쭉

뻗는다. 다리를 펼 때도 있고 한쪽 어깨만 흔들 때도 있다. 때론 웃음이 폭발하기도 한다. (웃을 때 횡격막은 이완된다.)

이런 신체적 메커니즘을 작동시키거나 암시하는 정신적 스위치가 있다. 이 스위치는 의지다. 라디오의 주파수를 바꿔 대는 것처럼 이 스위치는 떨림을 허락한다.

나는 사람들이 그들의 오래된 도화 장치들에 goodbye라며 작별하는 모습을 거듭 봐 왔다. 그 후로 그들은 세상을 완전 다르게 경험하고 있다. 이에 관해 좀 더 자세히 알아보자.

─────── ● 기억에 매일 건네는 인사 ～～～～

니나는 코마 상태에서 깨어났다. 엄청나게 큰 자동차 사고로 척추뿐만 아니라 머리끝에서 발끝까지 무수히 많은 뼈가 부러졌고, 양쪽 폐 모두에서 폐허탈(후천적인 폐확장부전증)이 나타났다. 이후 복잡한 수술을 여러 차례 받았고 조직을 떼어 내기도 했다. 의사들은 그녀가 살아 있는 게 기적이라 했다. 그녀가 이전처럼 다시 걸을 수 있을지 알 수 없었다. 신기한 것은 매일 저녁 6시

15분이 되면 니나의 온몸이 떨린다는 것이었다. 여러 분야의 의사들이 그녀를 진찰해 봤지만 원인을 찾을 수 없었다.

그로부터 9년 후 니나는 내 수업에 참여했다. 그녀는 데자뷔 수업을 통해 매일 밤 6시 15분이 되면 자신이 떨었다는 사실을 떠올렸다. 예전만 해도 이 떨림을 무서워하며 어떻게 설명해야 할지를 몰랐던 그녀가 이제는 완전히 두려움을 내려놓으며 그 떨림을 새롭게 경험할 수 있게 되었다.

이 현상은 예전에 전신마취를 해 봤거나 수차례 마비 상태를 경험한 사람들에게 흔히 나타난다. 훈련이 계속되면 어느 순간 그들의 몸은 얼어붙고 일종의 마비 상태를 경험한다. 니나는 이제 이 느낌을 도중에 끊어 버리지 않고 계속해서 호흡하며 몸이 떨리도록 내버려 둔다. 그렇게 트라우마를 조용히 풀어내고 있다.

트레이너로서의 나의 역할은 이 두려움의 파도를 유유히 건너가도록 그들과 동행하는 것이다. 흔히 트라우마를 흐르게 두는 이 과정에서 몸은 따뜻해지며 온몸 여기저기에서 근질거림이 느껴진다. 곧이어 황홀하면서도 즐거운 경험으로 유쾌한 에너지가 온몸에 넘쳐흐르는 걸 느끼게 된다. 이 근질거림은 트라우마가 다시 이완되는 순간이다.

생물 물리학자이자 심리학자인 피터 레빈(Peter Levin)은 이 근질거림을 위협 상태에서의 탈출이라고 표현한다. 교감 흥분 상태에서 벗어나 부교감 안정 상태로 접어드는 순간이다. 니나의 몸은 이 유익한 떨림 과정으로 명확히 유연해졌다. 그녀는 훨씬 더 편안해졌고 삶의 즐거움과 평온함을 느끼게 되었다. 그녀가 사고를 당했던 6시 15분에도 말이다.

오! 경험담

심한 트라우마를 겪은 사람들만 이 방법을 통해 도움을 받는 것은 아니다. 신경성 떨림은 삶의 모든 분야에서 유익하며 놀라운 효과를 발휘한다. 예를 들자면 다음과 같다.

슈테판 : "제게 있어 신경성 떨림은 강력한 신체적 경험 그 자체였어요. 결정적 단계는 몸 전체가 떨리도록 그저 내버려 두는 것이었죠. 강한 떨림의 과정은 즐거움이기도 했어요. 저는 웃고 또 울었죠. 맥박은 빨라졌어요. 일어나는 일들에 매번 놀라워했죠. 이 신체적 에너지 소모는 긴장을 엄청나게 풀어 줘요.

이런 굉장한 긴장 이완은 여태껏 오르가슴을 느낄 때나 가질 수 있던 것이었어요. 이제는 제가 원하는 근육 부위만 떨도록 할 수 있고 서 있는 상태로도 떨 수 있어요. 직업 특성상 많이 서 있게 되는데 허벅지와 등 쪽 근육들이 정말 많이 이완되었다는 걸 느낄 수 있어요. 다른 근육들에서도 눈에 띄게 통증들이 줄어들거나 아예 사라졌죠."

다그마르 : "깨달음이죠! 처음에는 몸이 그럴 수 있으리라 생각하지 않았어요. 첫 시간에는 어찌어찌 그냥 몸을 뻗어 대고 있다고 그러면서 그저 몸이 하는 거라고 생각했어요. 초반 몇 주 동안은 거의 매일 아주 강하게 몸을 떨었어요. 아침마다 밤마다 또 그 사이사이 시간마다. 기분이 좋았고 재미도 있었어요. 떨고 나면 가벼워지고 편해졌거든요. 하지만 개인적으로 가장 좋았던 것은, 이제야 말하는데요. 섹스가 더 즐거워졌다는 거예요. 아이들이 태어난 뒤로 섹스는 그냥 오케이 정도였지, 지금처럼 좋지는 않았어요. 한마디로 이제는 더 많은 걸 느끼게 되었고 제 삶이 더 풍요로워졌어요. 요즘엔 운동하고 난 뒤에나 제가 많이 긴장되었다고 느낄 때 몇 분 정도 몸을 떱니다."

사비네 : "어느 겨울날 넘어졌고 이때 오른쪽 어깨를 다쳤어
요. 통증이 계속되지 않고 어깨를 모든 각도로 완
전하게 움직일 수 있기까지는 1년여 시간이 걸렸어
요. 의사가 보기에는 모든 게 제자리로 돌아왔죠.
하지만 밤에 오른쪽 어깨를 대고 누울 때마다 통증
은 되살아났고 넘어졌던 그때가 계속해서 생각났
어요. 3년 넘게 노력했어요. 그 후 이 신경성 떨림
을 알게 되었는데 이를 행한 다음부터는 어떤 통증
도 없이 잠을 청할 수 있게 되었어요. 저는 이 신경
성 떨림을 정말로 모든 사람이 배워야 한다고 생각
해요!"

어떻게 가능하지?

위험에 맞닥뜨리거나 위협적인 상황이라고 느껴지면 신체적
경보 시스템이 작동한다. 이 시스템은 우리 모두에게 있다. 화학
요소들이 방출되면서 턱부터 발끝까지 경보 시스템이 활성화된

미안하지만 스트레스가 아니라

다. 그 상태를 풀어내지 않으면 몸은 흥분 상태로 계속해서 머무른다. 내가 거듭 반복해서 자동차 사고를 봐 왔던 것처럼 우리의 몸은 강제적으로 그 상황들을 반복 경험하게 한다. 몸은 그 경험을 떨쳐내고 싶지만 순수한 무지로 우리는 이 사실을 인지하지 못하고 허락하지도 않는다.

직립보행으로 인간은 얼굴 · 심장 · 내장 · 생식기 등 생명에 중요한 부위들을 완전히 무방비 상태로 내어놓고 다니는 유일한 동물이다. 그렇기에 강한 보호 체계가 필요하다. 이 중대한 일을 아주 튼튼한 요근이 맡고 있다.

요근은 한 쌍의 근육으로 합쳐서 투쟁-도피 근육으로 불리기도 한다. 척추를 왼쪽과 오른쪽에서 안정적으로 유지하는 두 지지대가 관계되는데 요근은 복부와 엉덩이 근육에서 시작해 상체를 다리와 연결한다. 뇌줄기가 위험을 감지하면 요근은 반사적으로 긴장되어 몸의 중앙부를 보호한다. 요근의 긴장은 싸우거나 방어하기 위해 혹은 그 자리를 피하기 위해서도 꼭 필요하다. 위협이 사라지면 요근은 긴장을 다시 풀어낸다. 즉 요근은 보호와 더불어 긴장 이완 역할도 하고 있다.

요근은 횡격막이 자리한 곳에도 기인하기에 우리의 호흡에까지 영향을 미치고 있다. 다시 말해 요근은 호흡과 걸음을 연결한다. 이 중요한 근육은 깊숙이 숨겨져 있어 안마사들도 잘 건드리지 못한다. 이런 요근의 긴장은 수동적으로나마 힘겹게 풀어낼 수 있다.

사람이 놀라면 요근은 항상 함께 반응한다. 보통 상체를 가볍게 앞으로 숙이게 되는데 매우 놀라면 태아의 모습처럼 구부리기도 한다. 요근의 긴장이 풀어지지 않으면 척주기립근은 전진 자세를 다시 취하려 하고 이는 등의 아래쪽 부분을 다시금 좁히게 된다.

몸을 구성하는 모든 것은 서로 연결되어 있다. 등의 하단 부위가 한 번 좁혀지면 어깨와 목덜미도 함께 긴장된다. 그렇게 되면 온몸의 균형을 강제적으로 깨트리고 군데군데 막힘을 유발하는 근육 움직임이 일어나게 된다. 턱뼈와 골반을 연결하는 근막에서도 긴장이 나타난다. 골반이 긴장되면 턱에서도 긴장이 일어난다. 역으로 보면 이를 꽉 물면 완전하게 긴장을 풀어내지 못한다. 이 말은 긴장으로 요통이 생길 수도 있다는 뜻이다. 결국 요통은 신경성 긴장을 통해 풀어낼 수 있다.

많은 사람이 무의식적으로나 의식적으로 이를 꽉 물어 댐으로써 턱에 커다란 긴장을 준다. 이런 행동은 골반 아랫부분까지 연쇄반응을 일으킨다.

이런 긴장을 의식적으로 풀어내자. 등을 곧게 해서 앉은 다음 하품하듯 천천히 턱을 벌려 보자. 그런 다음 이들이 서로 부딪히지 않을 만큼 가볍게 입을 벌리자. 몸의 긴장된 정도에서 어떠한 차이가 느껴지는가?

골반 아랫부분까지 전달되는 이 섬세한 이완법으로 어떤 이들은 미세한 간질거림을 골반 아랫부분에서도 인지해 낸다. 이 운동은 신체 · 정신 · 체계에 영향을 미친다.

긴장된 상황에서 턱을 가볍게 벌려 보자. 당신의 몸을 좀 더 가볍게 하는 데 도움이 될 것이다.

당신은 언제나
귀를 기울이지 못한다

'제기랄' 경험을 했을 때 나는 20년 넘게 함께 작업한 사람들을 생각할 수밖에 없었다. 두려움과 마주하는 그 순간 그들이 미묘하게 떨거나 심하게 몸을 들썩거리는 걸 나는 봐 왔다. 다른 곳에 주의를 돌리지 않고 몸의 반응에 우리를 그저 내맡기고 긴장을 풀어낼 수 있다면 두려움 · 압박 · 긴장 등은 버텨 내지 못하고 분명 사라져 버린다.

떨림은 아주 갑자기 자동적으로 일어난다. 오랫동안 참았다는 듯 한순간에 터진다. 그렇게 되면 우리는 자유롭고 가벼워지며 에너지가 온몸에서 돌고 있음을 느끼게 된다. 동시에 우리의 몸은 유연해지고 꽉 채워진다. 눈빛은 명확해진다. 방금 자연적 리프팅 시술을 받은 것처럼! 정말 그렇게 보인다. 당신의 몸은 신비 그 자체다. 몸은 온종일 당신과 이야기를 한다. 당신 안의 모든 것이 소통과 평이함, 몸과 정신 그리고 영혼의 일치를 갈망한다. 하지만 당신은 언제나 귀를 기울이지 못한다.

이제 깊은 긴장 이완 상태가 무엇인지, 이게 어떻게 가능하지를 배워 보자.

반사적 신경성 떨림을 허락하는 방법을 배우게 되면 우리 몸이 그만의 방법을 가지고 있다는 사실도 알게 된다. 몸은 당신이 상상 혹은 계획하지 못한 방식으로 긴장을 풀어낸다. 당신의 몸은 앞서 행할 순서나 평가 단계를 가지지 않는다. 따라서 몸의 움직임을 예측하거나 앞서 가는 행동은 전혀 의미가 없다. 막힌 곳을 다시 뚫는 데 어떤 행동이 필요할지는 당신의 몸만이 정확하게 알고 있다.

[Mind-Shift 23]

엉덩이 부분에 옷이 꽉 끼이지 않도록 유의하자. 떠는 내내 편하게 있자. 우선 바닥에 누워 보자. 발바닥을 나란히

내려놓고 양 무릎이 붙지 않게 하자. 발이 미끄러지지 않도록 주의하면서 엉덩이를 바닥에서 조금 띄우는 동시에 무릎은 계속 편안히 바닥에 닿도록 하자. 1분 뒤 무릎을 5센티미터가량 서로 겹치게 만든다.

몇 분이 걸리기도 하고 1분 뒤 바로 되기도 할 것이다. 요근은 이때 자기도 모르게 움직이기 시작한다. 어떤 때는 엉덩이가 움찔거리고 어떤 때는 흔들거린다. 내버려 두자.

주문은 허락함이다. 한 번에 되기도 하고 여러 번 시도 끝에 되기도 한다. 더 많은 시간이 필요하다고 해서 낙담하지 말자. 누구나 한 번에 찾아내는 것은 아니다. 잠시 휴식을 취한 뒤 다시 연습해 보자.

몸은 현재 혹은 아주 오래전부터 남아 있던 긴장을 풀어낸다. 몸을 떨고 기분이 좋아진다면 엉덩이를 다시 내려놓아도 좋다. 발바닥을 바닥에 평평하게 닿게 한 뒤 (마지막 자세) 그대로 두자. 몸은 계속 떨어 댈 것이다. 언제든 그만두거나 휴식을 취할 수 있다. 무의식적인 떨림에 한 번 익숙해지면 엉덩이를 들어 올리는 예행연습이 더는 필요하지 않다.

운동을 끝냈거나 긴장된 하루를 보냈을 때 마지막 자세로 5분에서 10분 정도 몸을 떠는 게 도움이 될 것이다. 이

미안하지만 스트레스가 아니라

평상시 삶속에서 신경성 떨림이 이뤄지게 두자. 강하게 혹은
부드럽게 경험할 것인지는 오로지 자신에게 달려 있다. 신경성
떨림으로 신체적 놀람이 사라지면 유연한 근육 상태를 다시 갖
게 된다. 더 편안해진 신체 감각과 긴장으로 인한 고통도 사라지
고 잠도 더 잘 자게 된다.

　이제야 비로소 느낄 수 있게 된다. 우리가 얼마나 압박받고 있
었는지를 말이다.

[Mind-Shift 24]

혐오감 혹은 두려움이 느껴졌을 당시의 떨림을 느껴 보자.

여전히 거기에 있다. 내버려 두자. 거듭 반복해서 이를 당신의 몸 안에서 느껴 보자. 숨을 내쉬며 그냥 내버려 두자. 아니면 그저 재미 삼아 당신의 개를 따라 몸을 흔들어 보자. 커다란 굉음이나 경적으로 놀랐을 때처럼 뭔가에 놀라게 되면 그 직후에는 꼭 이렇게 행동해 보자. 아니 당신의 몸은 지금 엄청난 압박을 느끼고 있으니까 그냥 해 보자.

오줌을 지릴 정도로 크게 웃은 때가 언제인가? 기억나지 않는다면 다른 사람의 웃음 바이러스에 전염되어 보자. 때로는 너무 기뻐 펄쩍 뛰고 싶지만 그럴 자신이 없다고들 말한다. 어째서 즐거움을 억누르는가? 독창적으로 변화되어 몸의 충동들을 따라가 보자. 행복함에 춤추자. 아니면 행복해질 때까지 춤춰 보자. 에너지가 막혀 있는 곳들을 뚫자. 당신의 몸에 자연스러운 행동 방식을 다시금 만들어 내자.

미안하지만 스트레스가 아니라

완전히 홀가분한 게 어떤 상태인지 알고 있는가? 그런 상태를
마지막으로 느껴 본 게 언제인가? 기분이 없어진 적은 없었다.
늘 거기에 있었다. 단지 완전히 통제된 상태로 있었을 뿐이다. 이
런 기분은 당신 몸과 자연적인 관계로 연관된다.

내 안에서 느끼자. 한 번쯤은 제멋대로 굴어도 된다. 장기적
인 관점에서 매일 조금의 광기는 삶의 안녕에, 신체와 정신 체계
에 유익하다.

5장

세상을
잠시 멈추고
숨을 쉬어 봐

미안하지만 스트레스가 아니라

결정의 무게

　지금까지 여러분과 사고 · 정서 · 신체 영역을 여행하며 새로운 경험을 했다. 이제 여러분은 관점을 바꿔 자신을 새롭게 정비할 수 있게 되었다. 감정과 정서의 힘을 알며 어떤 감정에서든 호흡으로 긴장을 풀 줄도 알게 되었다. 신경성 떨림으로 몸 안의 막힌 부분을 즉각 이완시켜 몸의 기운의 흐름도 시원하게 뚫을 줄 알게 되었다.

　이제 결정을 내릴 때다. 정말로 goodbye라고 말하고 싶은가? 다람쥐 쳇바퀴에서 내려오고 싶은가? 당신의 이 결정에는 결과가 뒤따른다. 책임을 지고 당신만의 방법을 만들어 매일 연습해야 하는 것이다. 당신의 발목을 붙잡고 있는 무언가를 놓아야 하며 신뢰를 쌓아 다시금 본연의 힘으로 돌아가야 한다.

행복의 원천은 즐거움이다. 즐거움은 당신이 당신 가까이에 있을 때 가능하다. 사랑은 즐거움에서 그리 멀지 않은 곳에 있다. 즐거움은 사랑을 키우는 원천이다. 즐거움을 경험하면 우리 가슴은 춤을 춘다. 즐겁다는 걸 스스로 표현해 나에게 보여 줄 것이다. 여기에 제대로 자리하고 있음을, 자신을 느낄 수 있음을. 즐거움은 결승선에 도착해야만 받을 수 있는 우승컵이 아니다. 즐거움은 불로장생의 약이며 신비한 힘을 안겨 준다. 당신은 이 즐거움을 원하는가?

Goodbye 조건: 결정!

지금껏 능동적으로 무언가를 내버려 둔 사람은 없었다. 당신도 그러지 못했다. 내버려 둔다는 건 정말로 어렵다. 사람들은 적절히 호흡하면서, 재차 다짐하면서, 감사하다 말하면서, 어떤 일을 하면서 내버려 두려고 한다. 하지만 내버려 둔다는 건 행동과 전혀 다른 언어와 사고 체계를 갖는다.

쾰른 출신의 예술가 게르하르트 리히터는 그림 그리는 것을 쓰는 것과 비교하며 '생각의 다른 형태'라고 묘사했다. 그림은 말이 없다. 그래서 표현이 어렵다. 이처럼 내버려 두는 것도 행동의 영역에서 일어나는 게 아니다. 그렇기에 많은 이가 내버려 두지를 못한다. 그 의미를 정확히 알지 못하는 까닭이다.

미안하지만 스트레스가 아니라

단지 당신이 "너를 용서할게"라고 말한다 해서 그 사람을 용서한 것은 아니다. 단지 당신이 "고마워"라고 말한다 해서 당신이 고마워한다는 뜻은 아니다. 감사함을 느끼며 용서할 게 없다는 사실을 깨달아야 비로소 당신은 자유로워진다. 내버려 둔다는 건 이것에 대한 100퍼센트 결심이 설 때 일어난다. 99퍼센트로도 충분하지 않다. 당신이 내리는 최종 결정은 정말 중요하다.

정말로 원하는가?
예전의 거추장스러운 행동 패턴에서 벗어나길 바라는가?
당신의 집착에 등을 돌릴 준비가 되었는가?

이상하게 들리겠지만 많은 이가 그저 조금 속마음이나 털어놓으려고 수년간 요가 수업이나 명상 모임에 나간다. 그리고 그들은 그곳을 빠져나오는 순간 예전과 똑같은 행동을 한다. 그건 더 집중해서 빠져들려고 무언가를 선택한 중독자와 같을 뿐이다. 그들은 지금 자신의 상태를 책임지는 게 어렵기에 오래된 광기에 더 심혈을 기울인다.

　두려움으로 가득한 의식 상태에서 완전히 벗어나려면 의지가 함께해야 한다. 나도 알고 있다. 이게 얼마나 용기가 필요한 일인지 말이다. 하지만 근심이나 두려움의 패턴을 깨부수고 지금껏 익숙하지 않은 무언가를 하는 데는 언제나 용기가 필요하다. 용기가 없다면 아무것도 바뀌지 않는다.

　지금 당신에게는 삶을 변화시킬 힘이 있다. 견디기 어려운 심리적 압박 상태에서도, 서글픈 상태에서도 당신은 자신을 즐겁게 할 수 있다. 두려움 한가운데 있을 때야말로 당신은 이 말을 기억해야 한다. '멈춰! 나는 내가 잘 지내길 바라!' 진정한 결심은 그 자체로 지금 당장 시작될 변화 과정의 도화선이 된다.

　자신의 삶에서 중요한 결정을 내린 때를 기억해 보자. 마지막이 언제였는지 기억하는가? 완전히 무언가를 바꿔 버렸던 결정의 순간이 있는가? 이제 끝이라는 생각이 명확하게 들었던 그 순간을 기억하는가? 내 안에 어떤 확고한 결정의 순간이 떠올랐을 때의 기분을 기억하는가?

　진실은 불현듯 아주 명확해지고 더는 숨길 수 없게 된다. '우리 사이는 끝났어'라는 게 분명해진 순간 변화는 시작된다. 몇 번이고 이리저리 생각을 해 봤을 수도 있고 몇 번의 잠자리를 더 가져 봤을 수도 있다. 아이들과 크리스마스를 한 번 더 보냈을 수도 있다. 하지만 이때는 이미 두 사람의 관계 안에 남아 있는 에너지는 없다. 에너지 측면에서 이별은 이미 완전히 이뤄졌기 때문이다.

결정에는 그런 힘이 있다. 내면에서의 작별이 완전한 작별이다. 당신이 가겠다고 100퍼센트 결심하면 결정은 바깥으로 나온다. 그 어느 것도 당신을 저지하지 못한다. 직장도 마찬가지다. 에너지 없이 남아 있는 직장은 옥살이와 다를 바 없다. 자신의 에너지가 더는 존재하지 않는 곳에서 무언가를 계속 유지하기란 아주, 아주, 아주 힘들기 때문이다.

진정한 결심은 에너지를 변화시킨다.
다르게 표현하면 진심 어린 결정에 따라 당신의 에너지는 달라진다.
아무 말을 하지 않을 때도 내면은 정보를 방출한다.

목적은 결정을
완전히 끝내는 것

무한한 가능성 중에서 우리는 한 가지를 결정한다. 이렇게 명확해진 결정은 그 방향성을 내보인다. 이 정보는 세상과 현재, 바로 지금의 시간으로 보내지고 우리는 한 번 더 선택하는 게 더는 의미가 없으며 그때가 언제인가를 정확하게 느끼게 된다. 무언가 끝이 났다는 것도 당신은 안다. 내려진 결정이 명확해지면 이에 맞설 무기는 없다.

그러한 결정은 목적이자 계획이 된다. 계획들은 모든 의심을 초월하고 초연해진다. 그리고 모든 것을 배제시키는 힘과 지지를 받는다. 최고점인 결정의 순간에 도달해 그 효력을 발휘할 에너지를 높여 나가는 것이다. 진정한 결심에는 결과가 뒤따른다. 자신의 목표를 향해 정진하고 자신만의 길을 걷게 된다. 더는 희생양을 찾지 않아도 되는 상태! 남편과 직장 또는 자신의 유년 시절의 어려움에 관한 책임을 더는 묻지 않는 상태! 본연의 힘으로도 의식을 얼마든지 새롭게 바꿔 나갈 수 있는 상태가 되는 것이다. 이제 발걸음을 멈추고 결정을 내린 다음 어디든 자유롭게, 새로운 삶을 시작할 수 있다. 오직 자신의 결정으로 자신이 내디딘 삶!

미안하지만 스트레스가 아니라

진정한 결심은 말보다 더 강력한 힘을 갖는다. 그리고 그 어떤 진정한 결심도 쉽게 내릴 수 있다. 힘들일 필요가 없다. 진심으로 원하는 모든 결정은 결코 싸워서 얻을 필요가 없다. 나 자신을 이해시키거나 설득시키거나 하물며 누군가를 설득할 필요도 없다. 그저 자신이 원하는 것을 명확히 한 다음 그에 따라 행동하면 그만이다. 계획은 에너지를 변화시키고 이 에너지는 우리의 삶을 새롭게 한다. 말 그대로 다른 빛을 발산한다. 세상을 다른 느낌으로 마주하게 되고 내면은 즉각 그 주파를 감지한다. 기분을 더 좋게 하겠다는 계획은 이미 당신의 에너지를 변화시킨다. 고통스러울 만한 변화 과정이 필요한 상황에서도 당신을 굳게 잡고 있다.

우리는 슬퍼하는 것, 화를 내는 것, 두려워하는 것이 모두 좋지 않다는 선입견을 갖고 있었다. 하지만 완전 헛소리다. 슬픔·분노·두려움은 즐거움·재미·호기심과 별반 다를 것 없는 인간의 매우 정상적인 정서다. 문제는 우리의 정서가 늘 억눌려지거나 억누르는 행동으로 표출되는 데 있다.

기억해 두자. 당신이 당신 내면세계에서 느껴지는 것들을 문제 삼지 않은 한 당신은 1분도 불행해지지 않는다. 더는 관여하지 않겠다고 결심하면 신체든 정신이든 체계든 전반적으로 긴장되어 있지 못한다. 매일 똑같은 일상에 고개를 들고 '지금부터는 다르게 하겠어!'라고 결심만 한다면 말이다. 위협을 도전으로 바

꾸면서 지금껏 불가능하다고만 생각했던 목표들을 달성할 능력
이 우리에게는 있다.

(**Mind-Shift 25**)

결심하라!

"잠깐만! 내가 잘 지내기를 나는 바라!"라고.

어차피 막아 내지 못할 일

당신은 이제 준비가 되었다. 어떤 생각들로 인해 유발되는 감
정들과 흥미로운 신체 반응들을 이해하게 되었다. 좋지 않은 일
을 겪을 때 어떻게 긴장을 푸는지도 안다.

이제 때가 되었다. 당신은 절벽 위에 서 있다. 지금껏 정의하
고 동일시해 왔던 자신에 대한 생각을 모두 버릴 준비가 되었는
가? 자신을 풍요롭게, 행복하게 그리고 만족스럽게 만들 일들을

미안하지만 스트레스가 아니라

지금부터 행할 준비가 되었는가? 이 질문들에 대해 생각할 때 어떤 걱정과 두려움이 올라오는가?

많은 이가 자신에게 소중한 것들을 잃을까 봐 두려워한다. 대부분이 그렇게 걱정 속에서 살아간다. 사랑하는 이에게 버림받은 일이 있는가? 그런 경험이 있다면 당신은 그로부터 지속적인 사랑을 받기 위해 걱정 속에 살며 모든 걸 통제하려고 애썼을 것이다. 자신에게 주어진 숙제를 늘 모두 끝내고 친절하게, 그의 사랑이 식은 것 같을 때에도 아닐 것이라 생각하며 고개를 가로저은 때가 많았을 것이다. 어떤 일이 일어날까 봐 온종일 당신 자신에게 제동을 걸었을 것이다. 하지만 어차피 당신이 막아 내지 못할 일이다. 그런데도 그렇게 애를 쓰는 것뿐이다.

그런 두려움에는 다음의 것들이 있다.

- 버려질 것에 두려움 (이별이든 사별이든)
- 내가 사랑하는 사람이 죽을 것에 대한 두려움
- 혼자가 될 것에 대한 두려움
- 경제적 파탄에 대한 두려움
- 사회적 하락에 대한 두려움
- 노화에 대한 두려움, 젊음을 잃을 것에 대한 두려움
- 질병에 대한 두려움
- 관심을 받지 못할 것에 대한 두려움

- 통제하지 못할 것에 대한 두려움
- 무언가를 잃을 것에 대한 두려움
- 죽음에 대한 두려움

삶 속에서 당신이 통제할 수 있는 건 그리 많지 않다. 그럼에도 당신은 이 두려움들을 당신을 삶에서 끄집어내서는 완전히 끔찍한 영화 속에 넣어 버린다. 슈퍼 울트라 복합 상영관에 앉아 일어날 법한 모든 일을 거듭 계속 상상한다. 자연히 현실의 삶에는 전혀 관여하지 못하게 된다. 당신은 어차피 통제하지 못할 것들을 통제하겠다고 발버둥 치게 된다.

상실의 두려움은 자신을 상실이나 죽음에서 보호하는 게 아니라 삶으로부터 막아 내고 있는 것이다. 그러니 이게 어떻게 잘못된 게 아닐 수 있을까!

미안하지만 스트레스가 아니라

〔**Mind-Shift 26**〕

두려움을 해결할 방법이 여기 있다. 바로 사실 점검이다.

현실은 어떻지? 주변을 둘러보자. 나무가 보이는가? 당신

발아래 놓은 땅바닥은 어떤 느낌인가? 지금 어떤 영화 속

에 있는가? 혹시 그 영화의 제목이 '뭔가 잃어버릴 것 같

아'인가? 어디에 주의를 기울이고 있지는 않은가?

그렇다. 그건 즐거움, 경쾌함, 평온함, 사랑이다.

그럼 난 누구지?

이 두려움은 크게 두 가지로 나뉜다. 먼저 우리는 공허함, 지
루함, 외로움, 무명 그리고 이로 인한 미래에 대한 두려움을 가진
다. 심리학으로 증명된 죽음에 대한 두려움도 빼놓을 수 없다. 무
(無)에 대한 두려움이다. 무(無)에 대한 두려움은 죽음에 대한 잘
못된 두려움에서 기인한다. 자아가 갖는 죽음 즉 소멸에 대한 두
려움이다.

우리는 이런 두려움들을 우리 자신과도 연결 지을 수 있다. 정체성 상실에 대한 두려움, 우리가 늘 유지하던 모습을 더는 유지하지 못할 것 같다는 데서 오는 두려움이다. 즉 기반을 가진 어떤 것들에 대한 두려움이다. 많은 사람이 지금과 완전히 다른 모습으로 바뀌게 될 미래를 두려워하고 있다.

어떤 이들은 진정한 평온 상태를 누리면 그저 게을러질 뿐이고 오직 자기 자신의 감정과 기분에 대해서만 생각할 거라고 섣부른 오해를 한다. 다른 것들은 아무 상관없어지는 거 아니냐고 질문한다. 누군가는 "아무 노력도 할 필요가 없어지는 거 아닌가요? 모두가 이기주의자가 되겠다는 말인 것도 같고요. 그저 멍청하게 어슬렁대며 아이들도 그저 내버려 두겠죠. 더 이상 아무 일도 억척스레 하지 않을 테고요" 하고 말할 것이다. 이런 의견은 마치 힘겹게 만들어 놓은 멋지고 단단한 몸뚱이 안에 그저 멍청하고 힘없이 축 늘어진, 의욕이나 사기 따위 없는 무엇이 들어 있다는 말과 같다. 하지만 인간은 무기력해지는 것을 극도로 두려워한다. 알게 모르게 스스로에게 이렇게 말하곤 하니까. "지금 나에게는 압박이 필요해!"

만약 내가 당신에게 이 세상의 모든 돈을 준다면, 단 다시는 어떤 일도 해서는 안 된다는 조건을 내건다면 당신은 그 돈을 받겠는가? 소파에 누워 있는 건 상관없지만 아이들을 더는 돌보지 못한다면 당신은 돈을 받겠는가? 이 상태를 얼마나 견뎌 낼 수 있겠는가? 오직 자신에 대해서만 생각할 수 있겠는가? 정말로?

이완이란 무기력을 뜻하는 게 아니다! 당신이 긴장을 풀고 한 순간 다른 사람이 되었지만 결과적으로 무기력하고 굼뜬 사람이 되었다면 깊은 평온 과정에서 뭔가가 잘못되었다는 뜻이다. 깊은 긴장 이완 즉 진정한 평온은 그저 당신이 당신 자신이 되게 해 주는 것이다. 예전에는 조용하고 소극적이었는데 이제는 시끄럽 고 저돌적이며 방탕한 사람이 된다는 말이 아니다. 그런 것과는 전혀 다르다. 오히려 당신은 지금보다 더 성장하게 된다. 본연의 빛을 더 발하게 된다. 자신을 형성하는 것—특별한 능력과 재능과 색깔 말이다.

깊은 평온 상태가 되므로 당신은 자신의 순수한 영혼들과 연결되고 독창적으로 변한다. 이 상태를 누리는 사람들은 세상을 괴롭히지 않는다. 그건 피해자나 비정상적인 사람들이나 하는 짓이다. 깊은 평온 상태 즉 이완 상태를 가진 이들은 세상을 움직이고 바꿔 나가는 사람들이다. 심지어 이완은 무기력의 정반대다! 평온이란 당신 삶의 에너지와의 연결이다. 긴장을 풀면 두려움에서 벗어나 그저 당신 자신의 모습을 찾게 된다. 내면으로부터 성장해 삶을 풍요롭게 만든다.

〔**Mind-Shift 27**〕

자신의 내면을 느껴 보자! 그리고 최상의 당신 자신을 시
각화해 보자.

새로운 방향으로 과감히 나아가 보자. 정말로 자유로
워진다면 어떤 모습이 되고 싶은가? 더는 어떤 압박도 받
지 않는다면 당신의 삶을 어떻게 긍정적으로 변화시키고
싶은가? 당신 삶에 당신을 온전히 맡긴다면 어떻게 될까?
어떻게 움직이고 싶은가? 뭘 하고 싶은가? 무엇에 기뻐하
고 싶은가?

이 모든 게 어떻게 느껴지는가?

────• 사랑을 받지 못할 두려움 혹은 ～～～
사랑받을 가치가 없을 것에 대한 두려움

인간은 누구나 존재에 대한 두려움으로 들끓는다. 끝없는 바
닥으로 빠져들며 인생에서 가장 큰 문제 앞에 서 있는 것 같다.

미안하지만 스트레스가 아니라

70억이 넘는 사람 모두가 이 감정과 믿음을 갖고 있고 다음의 질문에 동일한 두려움을 나타낸다.

나는 사랑받을 가치가 있나?

내가 사랑받을 가치가 있다면 그건 왜일까? 우리는 지금 자신의 모습으로는 사랑받지 못할 것이라는 두려움 그리고 그에 따른 숨 막힐 것 같은 먹먹한 공포에 우리 스스로를 집어넣는다. 지금 모습으로는 충분하지 않을 거라 걱정하기에 제한된 삶을 살아간다. 사랑받을 가치가 없을 것에 대한 두려움에는 다음의 것들이 있다.

- 가치가 없을 것에 대한 두려움
- 충분하지 못할 것에 대한 두려움
- 지나칠 것에 대한 두려움
- 진지하게 받아들여지지 않을 것에 대한 두려움
- 바라보고 싶어지지 않을 것에 대한 두려움
- 착한 사람이 아닐 것에 대한 두려움
- 근본적으로 충분하지 못할 것에 대한 두려움
- 하지 못할 것에 대한 두려움
- 허풍쟁이나 바람둥이로 보일 것에 대한 두려움

- 잘못하는 것에 대한 두려움
- 마음에 들지 않을 것들에 대한 두려움
- 실패자로 남겨지는 것에 대한 두려움
- 사랑받지 못할 것에 대한 두려움

[Mind-Shift 28]

그 무엇보다도 사랑하는 누군가를 바라보듯 자신을 바라
봐 주자. 그리고 다음 세 문장을 마음속으로 혹은 크게 이
야기해 보자.

- 내가 너를 보고 있어.
- 너를 위해 내가 있잖아.
- 너를 사랑해.

이 간단한 세 문장을 원하는 만큼, 자주, 당신이 어디에
있든, 언제든, 반복적으로 말해 보자. 당신 자신을 신뢰하
는 순간 이 문장들의 효력이 발휘될 것이다.

앞서 '공감 혹은 동감'이란 장에서 슈퍼 영웅 명상을 연
습했다면 지금 이 연습 역시 쉽게 할 수 있을 것이다.

미안하지만 스트레스가 아니라

사랑과 인정을 받으려 할 때 하지 않을 것은 점점 늘어가고 우리는 그것을 마치 덕목인 양 받아들인다. 거기에 순응해 가고 무기력하게 통제를 갈망하며 자신을 잃어 간다. 우리의 순수한 영혼에 상응하는 삶을 살 좋은 기회를 기다린다지만 사회적으로 통용되는 것들로 한정시켜 버린다.

요약하면 모든 두려움과 걱정에 대한 매우 간단한 전략은 이거다.

세상을 멈춰!
숨을 쉬어!
마인드 쉬프트를 해!

이 책에 소개된 마인드 쉬프트는 당신이 계속 나아갈 수 있도록 도와줄 것이다.

지금 당장 당신에게 특히나 많은 도움이 될 것을 하나 골라 보자. 사실 점검을 해 보자. 새로운, 긍정적인 그리고 참된 생각을 하나 골라 보자. 그것의 의미를 찾아보자. 지금 당신이 주의를 기울이지 않은 곳은 어디인지 자신에게 물어보자.

즐거움 · 평온함 · 경쾌함을 내버려 두자. 자신을 새롭게 해 보자. 숨을 쉬어라. 몸을 떨어라. 당신의 승리의 노래를 부르라!

팀은 언제나
혼자보다 현명하다

내버려 둔다는 것은 공간이 필요한 결정이다. 공간은 신뢰다. 확실함과 불확실함 사이의 공간. 이 문턱에서 우리는 잘 알고 있는 간질거림을 느낀다. 이 간지러움을 어떤 이들은 위협이라 여기며 두려워한다. 그러나 이제 당신은 이 간질거림을 도전으로 받아들여 용기와 호기심을 느끼며 기대하는 사람이 되었다. 당신은 호흡하며 노래 부르고 몸을 떨면서 깊은 평온을 터득할 수 있다. 여기에 신뢰마저 더해진다. 신뢰는 행복하고 자신에 찬 삶으로 나가는 열쇠다.

심각한 압박을 여러 차례 경험했고 모든 게 위험에 빠졌다는 게 무슨 뜻인지 이해하는 사람들과 나는 많은 이야기를 나눠 왔다. 그들은 모두 신뢰의 중요성을 누구보다 잘 알고 있었다. 성공적이고 좋은 인간관계에서 신뢰는 기본이다. 혼자 해내는 사람은 없다. 주변이 신뢰할 만한 사람들로 이뤄진 팀은 누구나 필요로 한다. 친구·가족·이웃·멘토·동료 그 누구든 서로 연결되었다고 느낄수록 두려움은 작아진다. 팀은 언제나 나 혼자보다 현명하다.

그렇기에 다른 사람의 감정을 신뢰하는 것은 그만큼 큰 의미

미안하지만 스트레스가 아니라

가 있다. 노련한 사람들 가운데 당신을 사랑하는 사람들—친구 혹은 당신에게 호의적인 사람들—이 건네는 조언들에 더 귀를 기울일 수 있게 된다. 특히 양쪽이 같은 관점을 갖고 같은 목표를 지향하면 그 방법을 따르는 일은 훨씬 쉬울 뿐 아니라 재미도 있다. 앞으로 나아가기 위한 내적인 결정들은 이럴 때 더 큰 힘을 갖는다. 신뢰는 한때 꿈꾼 것들에 날개를 달아 주며 나아갈 힘을 더한다. 다른 사람의 인생 경험이 우리 안에 있지 않아도 누군가를 신뢰하면 그의 경험을 자신의 것처럼 활용하며 원천으로 삼을 수도 있다. 더불어 그들 앞에서는 자신을 더 크게 열게 된다. 더 드넓어지고 더 솔직해지며 더 튼튼한 결합으로부터 풍요를 가져다준다.

어떤 의미에서 신뢰와 두려움은 대립적이다. 이 둘은 같은 곳에 있지만 배타적 관계다. 평소 신뢰감을 사용할 대상이 많지 않던 사람은 있지도 않은 위험을 더 자주 본다. 우리는 그렇게 자신의 뇌를 훈련해 왔다. 반면 신뢰를 많이 느끼는 사람의 뇌에서는 두려움을 감지하는 영역이 덜 활성화되어 있다. 신뢰를 느끼며 살아가는 사람은 외부 자극에 빨리 반응하지 않을 뿐더러 쉽게 놀라지도 않는다. 나를 제외한 또 다른 누군가에 대한 신뢰가 많을수록 평온이 더 많고, 반대일수록 세상을 더 위협적으로 느낀다.

가장 중요한 작업

뛰어난 재능을 가진 칼은 성공한 스타트업 창업자지만 자신 외의 것들에 대한 신뢰는 부족했다. 처음 봤을 때 그는 마치 성벽을 지키는 무서운 문지기 같았다. 그에게서 '나는 누구도 믿지 못해'라는 굳은 신조를 느낄 수 있었다. 칼은 수십억이 오가는 거래에도 두려움이 없었다. 하지만 사람에 대해서는 달랐다. 그는 나에게도 두려움을 느꼈는데 이유는 불확실함에 있었다.

칼은 그룹 작업 때 나를 처음 알게 된 후 일대일로 면담해 보고 싶은 마음이 컸다고 한다. 하지만 그렇게 원하면서도 면담을 요청하는 데까지는 2년이나 걸렸고 첫 번째 면담까지는 그로부터 또 몇 개월이나 걸렸다. 실제 그의 몸은 오랫동안 경직된 상태였지만 그는 거의 모르고 있었다. 매일 전 세계 곳곳의 사람과 회의를 하며 '다른 사람들은 어떻게 생각할까?'를 생각하는 게 그의 주된 업무였다. '그들이 나를 공격해 오면 어쩌지? 이 일이 내 생각대로 성사되지 않으면 어떡하지?' 같은 위협적 시나리오에 그는 어떻게 반응할지 끊임없이 계획하고 있었다. 그의 사고 세계는 대체로 이랬다.

"나는 누구도 신뢰할 수 없어. 회사 일을 맡길 사람이 도무지 없어. 누군가에게 맡기고 싶지만 적당한 사람이 없잖아. 그래.

내가 잘 못 찾고 있을지도 모르지. 하지만 자기가 할 수 있는 모든 것을 찾는 데 열정을 다하지 않는다는 게 나는 이해가 안 돼. 이런 상태로 맡길 수야 없지. 그러면 모든 게 무너질 게 뻔하니까. 그들은 내 말이 무슨 뜻인지 전혀 이해를 못하는 것 같아. 그러니 하는 수 없지. 연관된 모든 사람의 생각과 행동을 예측하려고 노력하는 수밖에. 솔직히 말해서 감정적인 사람들은 두려워. 그들과는 그저 거리를 두는 게 상책이야. 그들은 예측 불가잖아. 내 눈에는 그들의 결점이 보여. 더불어 해결책들도 알고 있고.

누군가 내게 '그 일은 지금이 최상이에요. 더 이상 뭔가를 하기는 힘들 것 같습니다'라고 할 때 그 말뜻을 나는 분명히 알고 있어. 그건 지금보다 더 열심히 일할 생각이 없다는 뜻이야. 그러면 나는 그의 눈을 똑바로 쳐다보며 정답을 말해 줄 거야. '자네는 이 일을 20년간 해 왔지만 나는 이 일을 배운 적도 없어. 하지만 두고 보라고! 내가 이를 악물고 자네의 20년 경력이 무색할 만한 결과를 가져올 테니까!' 그럼 대부분의 사람은 내게 두 번 다시 '그건 안 됩니다'라는 답을 들고 오지 않거든. 하지만 이건 내가 원하는 게 아냐. 나는 다른 사람의 뒤치다꺼리를 더는 해 주고 싶지 않으니까. 그 사람들이 100퍼센트 노력을 하지 않는 걸 정말 이해 못하겠거든."

칼이 가진 딜레마는 그가 찾을 수 없는 것, 바로 자신의 클론을 찾으려고 애쓴다는 데 있었다. 칼은 자신의 문제점들—피곤함, *쉬지 못함, 지속적인 위협적 시나리오 속에 갇힌 삶 등*—이 올바른 사람만 찾으면 해결될 수 있다고 확신했다. 오래도록 계속된 깊은 긴장감이 달라졌음을, 그것도 자기 자신을 통해 달라졌음을 깨달았을 때 그는 굉장한 감정을 받았다.

이제 칼은 두뇌 훈련, 두려운 생각들에 질문 던지기, 새로운 생각 만들어 내기, 호흡에 집중함으로써 자신의 몸으로 되돌아오기, 신경성 떨림을 통해 과도한 긴장 풀어내기를 매일 반복하고 있다. 내 역할은 그가 신체 감각을 확실하게 되찾는 과정을 지지해 주는 것이었다. 이건 꼭 피펫으로 작은 새를 꺼내는 것 같다.

여기에는 시간과 신뢰의 공간 속으로, 확실함과 불확실함 사이로 재차 들어가 보는 게 필요하다. 칼이 일대일 면담 때 공간 안으로 과감히 들어올 때마다 그의 몸은 주체할 수 없을 만큼 급격하게 움찔거렸고 그렇게 함으로써 과도한 긴장은 풀어졌다.

최소 2, 3년간 계속해서 연습하면 큰 변화를 가져온다. 이런 변화들은 새로운 삶의 방식으로 굳혀진다. 새로운 생각과 의식적 호흡 그리고 거듭 새로운 신체적 경험들이 확고해진다. 일대일 면담 그 자체만으로 칼에게는 큰 변화였다. 중요한 건 이런 변화들을 마음속으로 인정하고 이것들이 벌써 굉장한 성공을 거둔 거라는 걸 이해하는 것이다. 신뢰는 연습할 수 있다. 불확실함으로 일렁거리는 파도를 성공적으로 건널 가능성이 큰 상황들과 의식적으로 계속 대면하면서 말이다. 조금씩 규칙적으로 나아가

미안하지만 스트레스가 아니라

는 것. 타인에게 선의를 가진 사람들과 함께 당신을 그 신뢰 속으로 뛰어들게 만드는 것이다.

칼은 이렇게 말했다. "제가 가진 패턴을 알게 됨으로써 천천히 내려놓을 수 있게 되었어요. 아주 천천히요. 제가 얼마나 긴장되어 있었는지는 뒤늦게야 알아차려요. 하지만 그 상태로 머무는 시간이 훨씬 짧아졌어요. 제 눈에 띌 정도로요. 제가 제대로 된 방향으로 가고 있다고 생각해요. 제 아내는 이 작업이야말로 제가 지금껏 해 왔던 것들 중에 가장 중요한 작업이라고 하더군요."

호흡 뒤에 숨겨진 장소

나의 훌륭한 선생님이자 호흡 치료의 대모인 틸케 플라텔-도이어는 신뢰를 호흡 뒤에 숨겨진 장소로 묘사한다. 1978년부터 그녀는 줄곧 호흡 치료를 전수해 왔고 한스 멘징크(Hans Mensink)와 함께 전인적 호흡 치료(Intergrative Breathwork Therapy)의 토대를 만들어 냈다. 그녀는 의식적으로 연결된 호흡

활동을 생각과 느낌 사이의 다리로 설명한다. 다른 사람들과 달리 그녀는 '우리를 우리 본연의 힘에 다가가게 해 주고 우리 자신보다 더 큰 에너지와 연결해 줄 능력을 갖춘 호흡의 영혼'[16]을 이해하고 있었다.

"이 에너지는 우리 삶 속에서 반복적으로 거듭하며 지지해 줍니다."

나는 신뢰에 대한 그녀의 이야기를 듣고 싶었다. 그녀는 자신의 경험을 들려줬다.

"어느 날 유방암 검사를 하기로 했죠. 검사가 끝나면 보통 대기실에서 이제 집에 가도 된다는 간호사의 말을 기다리죠. 그런데 이번엔 아니었어요. 촬영실에 있던 여직원이 안으로 들어오라고 하더군요. 그러고는 의사가 저를 만나 보기를 원한다는 메시지를 전해 줬어요. 나는 뭔가 분명 잘못되었다는 걸 직감할 수 있었죠. 엄청난 두려움의 파도가 제 몸을 지나갔어요. 하지만 제 몸은 뭘 해야 할지, 어떻게 대응해야 할지를 알고 있었죠. 영상의학과로 들어서는 동안 제 몸은 자발적으로 부가적인 호흡을 해 댔어요. 의사가 초음파검사를 하며 뭔가 크게 잘못되었다고 설명해 주는 동안 저는 계속해서 부가적인 호흡을 했죠. 완전히 그리고 조금은 크게 호흡하고 있었어요. 과호흡이 일어날 위험 때문에 의사는 제게 천천히 숨을 쉬어 보라고 했어요. 하지만 저는 그 의사에게 계속해서 검진해 달라고 요청했어요. 제 호흡은 그

미안하지만 스트레스가 아니라

냥 내버려 둬 달라고 양해를 구하면서요. 끔찍하면서도 놀라운 경험이었어요. 삶의 위협적인 두려움을 전혀 억누르지 않고 있는 그대로 느껴 본 적은 처음이었죠. 이 호흡은 제가 두려움을 감수하고 느끼고 받아들이도록 도와줬죠. 두려움 이면에서 혹은 그 바닥에서 저는 신뢰를 찾아냈어요. 결론적으로 말하면 제게 있어 신뢰란 두려움이 없어진 상태입니다."

신뢰는 인간에게 주어진 가장 놀라운 선물이다.
두려움의 족쇄가 풀렸을 때 올라오는 안전하고도 확실한
느낌이다.

신뢰는 당신이 자신의 두려움과 마주할수록, 신뢰의 공간 속으로 들어올수록 더 넓어지고 강해진다. 그제야 비로소 당신은 자신이 어떤 모습을 갖출 수 있을지를, 당신의 제한된 자아가 속여 대고 싶어 하는 것보다 훨씬 더 많은 능력을 갖추고 있음을 깨닫게 된다. 신뢰하는 사람은 위험을 감수한다.

당신은 자신의 삶에 대해 '그러고 싶은데…'라는 통제를 포기하게 된다. 분명히 말하지만 어차피 당신에게는 없는 것이다. 무슨 일이 일어날지 당신이 모든 걸 알 수는 없다. 당신은 당신 자신의 생각으로 삶을 통제할 수 있을 거라고 믿지만 당신이 생각하는 끔찍한 결말은 실제 현실과는 전혀 관계가 없다. 반대로 말로 표현할 수 없는 일이 일어났다 해도 이는 당신이 초래한 게 아니다. 만약 당신의 삶, 당신의 몸 혹은 다른 사람의 삶에 대한 통제력이 당신 자신에게 있다고 믿는다면 당신은 분명 엄청나게 미쳐 있는 것이다.

질병이나 죽음, 이별이나 실직은 종종 당신을 문턱까지 밀어 버린다. 이 문턱에서 부지런히 움직이라고 강요당하면서 말이다. 하지만 이 문턱을 넘어 버리면 두려움은 사라진다. 지나치게 일고 있던 긴장감도 없어진다. 생기가 넘치는 평온함, 광활함, 고요함, 즐거움 그리고 만족감이 퍼져 나간다.

〔Mind-Shift 29〕

문턱에는 두 가지 방향이 존재한다. 위협과 도전의 감정을 통과해 신뢰를 향해 나아가거나 익숙한 통제 패턴으로 되돌아가거나.

당신이 이 문턱에 서게 된다면 어느 방향을 선택하겠는가? 신뢰의 방향인가, 아니면 통제의 방향인가? 앞으로 아니면 뒤로?

그 방향으로 계속 나아가겠는가?

미안하지만 스트레스가 아니라

달링, 당신이 생각하는 것만큼 당신은 특별하지 않아요!

20살 때 죽은 내 동생, 사고로 100퍼센트 누군가의 돌봄이 필요한 아빠 그리고 몇 주 지나지 않아 목뼈가 부러졌지만 놀랍게 마비 상태에 빠지지 않고 살아남은 엄마.

내 삶에 콱 박혀 있는 이런 사건들은 내가 두려움을 가졌다고 해서 일어난 게 아니다. 나는 그런 상상을 해 보지도 않았고 끊임없이 걱정하면서 살아가지도 않았다. 그런데도 그 일들은 일어났다. 어느 날 갑자기 내 삶 안으로 뚝 떨어졌고 내가 가진 수평선을 깨뜨렸다. 그리고 평생 그 깨진 상태로 남았다.

그 사건들은 너무나 고통스러웠지만 나의 성장 과정이기도 했다. 결과적으로 나에게도 멋진 일이었다. 나는 나아가는 길을, 신뢰로 한 발짝 더 들어서는 길을 택했다. 이 방향은 내가 이 책에서 하는 모든 경험을 할 수 있게 해 줬고 내가 사랑하는 일을 해 나갈 수 있게 도와줬다. 삶의 모든 장애물 속에서도 나는 가치를 따질 수 없는 것을 저 깊은 곳에서 거듭 반복해서 찾아낼 수 있었다. 흔들림 없는 신뢰와 끝없는 삶의 기쁨을 말이다.

삶의 장애물들을 극복해 내기 위해서 가장 필요한 관점은 이들을 우리 존재 안으로 자연스럽게 받아들이는 것이다. 커브나 일방통행, 막다른 골목들을 당신 혼자만 겪고 있다고 생각하지 마라. 지금 매우 울퉁불퉁한 길을 걷고 있다고 해서 당신이 뭔가 잘못했을 거라고도 생각하지 마라. 오히려 장애물이 없는, 조화로운 삶만이 추구할 가치가 있다고 믿는 사람들이 가장 덜 행복한 거니까.

그들은 전혀 맞지 않는 곳에서도 조화를 이루려고 노력한다. 있지도 않은 삶을 찾아 갈망하고 얻을 수 없는 걸 얻지 못하는 것에 슬퍼한다. 더 나아가 자신이 해내지 못했다는 것을 자신의 문제로 생각한다. 이 경우 유일하게 잘못된 것은 그의 태도다.

우리는 알다시피 이런 태도를 분명 변화시킬 수 있다. 삶의 장애물 앞에 선 사람이 자기는 혼자라고 느끼는 감정이 가장 큰 걸림돌이다. 다른 사람들은 모두 나보다 행복하다고 느낀다면 혹은 당신만 세상을 잘못 살고 있거나 세상을 다루지 못하고 있다고 여긴다면 당신은 정말 크게 잘못된 생각을 하고 있다.

당신이 생각하는 것만큼 당신은 그렇게 특별하지 않아요! 고통이나 상실, 실망 없이 살아가는 사람은 아무도 없거든요.

가장 중요한 마인드 쉬프트 한 가지를 살펴보자.

미안하지만 스트레스가 아니라

〔Mind-Shift 30〕

꽃이 되고 싶은가? 그럼 꽃 몇 송이를 사라! 당신이 갈망하는 것의 바로 그 원천이 되어라.

살면서 어려운 상황들에 부딪히면 우리는 흔히 외부의 그 무언가만이 우리를 구해 줄 수 있을 것이라 생각한다. 나를 지지해 주고 힘을 주는 누군가를 바란다. 하지만 당신 자신을 이 바람들의 원천으로서 바라보게 되면 변화된 당신 자신을 앞으로 쏘아 올리게 된다.

당신이 갈망하는 것을 다른 사람에게 줄 기회를 찾아보자. 시간이 없다고 느낀다면 실제로 밖으로 나가 당신의 소중한 시간 중 일부를 기쁘게 여길 다른 누군가에게 보내 주자. 주는 행위는 그 모습을 변화한다. 설령 당신 스스로 강요할 때도 효과가 있다. 다른 사람을 도와줄 수 있는 작은 일들을 매일 찾아보자. 다른 사람에게 주의를 기울이고 미소를 건네고 귀를 기울여 보자.

매일 하는 작은 행동이 평생 한 번 하는 영웅적 행동보다 더 강하다. 다른 사람을 도와주면 도움을 경험한 사람은 결국 당신 자신이 된다. 다른 사람에게 감사함을 많이 표현할수록 당신은 더 많은 감사함을 느끼게 될 테니까. 당신이 주는 것을 당신이 받게 될 것이다.

아주 단순하게 요약하자. 꽃이 되고 싶은가? 그럼 꽃을 탁자 위로 가져오라!

조그마한 기회로
가득 찬 완벽한 놀이터

우리가 한계를 넘어서고 감당하지 못했던 영역으로 들어서면서부터 변화는 시작된다. 성공하면 이 감정에 대한 신뢰가 기하급수적으로 늘어난다. 하지만 반드시 냉혹하게 어려움의 문턱 끝까지 다다르고 그걸 넘어서야만 신뢰를 얻을 수 있는 건 아니다.

우리는 지금까지 여러 차례 시련 속에서 살아남는 경험을 해 왔다. 견뎌 내고 오직 스스로 우뚝 서는 경험을 해 왔다. 이전의 위협적인 경험을 이겨 내며 성공담을 쓰고 있다. 이제 두려움에서 도망치는 날들은 지나갔다. 신체 기억에는 새로운 정보들이 쌓여 갈 것이고 오래된 그것들은 더 이상 당신의 발목을 붙잡지 못한다. 당신이 그것들을 떨궈 냈으니까! 더는 그 상황들의 희생

미안하지만 스트레스가 아니라

양이 아니다. 당신은 빛을 발하는 영웅으로서 계속 나아갈 것이다. 당신은 해내고 있다.

실패 그 자체에도
당신 자신을 넘어서는 성장해 나갈 잠재력이 있지만
성공은 그보다 훨씬 더 재밌다.

자신의 큰 두려움에 바로 다가가지 말고 아주 작은 도전적인 일들을 시작해 보자. 경력이나 삶에 어떤 영향도 미치지 않는, 별로 중요하지 않은 상황들을 선택하자. 불편한 감정이 올라오는 상황에서 말이다. 그동안 당신은 뭔가 이상했지만 일단 숨는 방법을 택했다. 이제부터는 거추장스러운 습관들을 바꾸기 위해 일상생활 속에서 계속 연습을 하고 찾아내자. 일상은 마인드 쉬프트를 연습할, 조그마한 기회로 가득 찬 완벽한 놀이터다. 이는 새로운 패턴을 만들기 위해서다. 지금과는 다르게, 더 재미나게, 더 즐겁게, 한마디로 더 쉽게 만들기 위해서다.

세상을 멈춰!

몸이 보내는 신호를 우리는 흔히 억눌러 왔다. 적극적으로 나아가 마주하기보다 물러나거나 느슨하게 놓아 버렸다.

작은 두려움들에 맞서 보자. 세상에서 배운 것들과 내재된 고정관념을 멈추자. 머릿속 관성의 운전사가 계속 나아가게 두지 말자. 조용히 의식적으로 호흡해 보자. 상상을 멈추고 외부 세계로 향한 관심을 꺼 버리고 오직 내면세계에 주의를 돌릴 때다. 내면의 과정 전체를 환영하자. 당신의 심연들을 궁금해 하자. 지금 당신 몸에 비쳐지는 감정과 정서들을 잘 살펴보자. 일어나는 일들에 열린 태도를 보이자. 출구는 전혀 알 수 없다. 당신은 이 일들의 끝이 어떻게 될지 알지 못한다. 다만 분명한 건 당신이 생각했던 것과는 다를 거라는 것뿐이다.

삶은 작은 걸림돌투성이지만 이 돌들로 우리는 많은 연습을 할 수 있다. 친구와 동료와 이웃이 짜증나는 소리를 해 댈 때도 몸은 반응했다. 가슴에 작은 비수가 꽂힌 듯하고 전혀 괴로운 상황이 아닌데 심장은 더 빨리 뛴다면 지금 당신 안의 무언가가 건드려진 것이다. 그건 다른 방식으로 표현되기를 바라고 있다는 표시다.

이럴 때 삼켜 버리거나 화를 내면서 풀어 버린다면 오래된 감

미안하지만 스트레스가 아니라

정 형태를 더 강하게 만들 뿐이며 압박에 괴로워해야 하는 사람을 나 자신으로 돌릴 뿐이다. 비록 그 상황 자체는 전혀 나쁠 게 없다 해도 당신은 지극히 평범한 상황에서도 무력함을 느끼게 되고 말 것이다.

이 감정 안에는 당신에게 주어진 선물이 숨어 있다. 이런 자극은 때가 되었다는 신호다. 자유로 향하는 문이 열려 있다는 것을 알려 주는 것이다. 심장이 두근거린다면 도망치지 말고 그것을 느끼고 자연스레 받아들이고 그것을 놓아 버려 완전히 뛰어넘을 연습을 하자.

입안에 숨겨진 보물

퀼른의 어느 갤러리에서 마주한 영국의 예술가 제이드 몬세라트(Jade Montserrat)의 공연은 내 안의 무언가를 자극했다. 그에게 말을 걸어 보고 싶었지만 내가 너무나 작게 느껴졌고 부끄러워 무슨 말을 해야 할지 몰랐다. 다가서고 싶으면서도 도망가고픈 상반된 감정이 공존했다.

이 감정에 대해 제니와 이야기를 나눴다. 그녀 역시 이 공연에서 알게 되었는데 그녀와 신과 세상에 관한 너무나 멋진 대화를 나눌 수 있었다. 그녀와의 대화로 홀가분한 마음이 들었지만 한편으로 상반된 감정은 여전히 남아 있었다. 퀼른에 대한 내 작은 두려움에 관해 이야기하자 제니는 웃으며 말했다.

"저는 늘 긴장하는걸요."

그녀는 여자로서, 예술가로서, 흑인으로서, 인간으로서 자신이 가지는 두려움에 관해 이야기했다. 그녀는 자신만의 두려움과 대중의 공통된 두려움에 대해서도 이야기했다. 무대에서 펼쳐지는 그녀의 공연 모두 두려움을 다루고 있었다. 그녀와 이야기를 나누는 그 순간들은 나에게 평화와 행복을 느끼게 해 줬다.

나는 두려움의 순간들이 내 삶을 풍요롭게 만든다는 걸 믿는다. 그리고 이 일들에 감사한다. 마음이 열리고 연결되면서 서로를 알게 되는 순간들. 삶의 자그마한 순간들이 우리의 영혼을 있는 그대로 바라보게 만드니까. 이 과정에서 치유는 시작된다. 두려움으로부터 도망치거나 억눌러 버리거나 쓸데없는 것인 양 취급하면 그 안에 숨겨진 보물을 잃어버리게 된다.

나는 그날 제이드와 이야기를 나누지 않고 행복하게 집으로 갈 수도 있었다. 하지만 두려움을 걷어 내고 그에게 뚜벅뚜벅 걸어가 나눈 대화 덕분에 더 행복하게 집으로 갈 수 있었다. 그와 대화를 나눈 그 순간의 극복으로 나는 분명 더 자유로워졌고 더 풍요로워졌으며 더 많은 자신감과 더 깊은 연대감을 얻은 채 집으로 갈 수 있었다.

〔Mind-Shift 31〕

사회적 관계망을 실제로 만들어 연대감을 강화하자. 세상은 당신의 놀이터다. 거추장스러운 패턴을 변화하는 데 이 일상생활 속 안전한 기회를 활용하자. 그리고 다른 사람들을 통해 당신 자신을 알아가자.

낯선 이들에게 웃어 보자: 초보자를 위한 연습

당신이 눈길만 돌리면 낯선 이들은 사방에 가득하다. 슈퍼마켓의 계산대, 대기실, 지하철, 버스, 기차, 공원에는 낯선 이들이 빼곡하다.

쉽게 시작해 보자. 미소로 시작해 보자. 그러면 상태의 에너지에서 비롯된 흥미로운 변화를 경험하게 될 것이다.

내 남자 친구는 지하철역에서 어떤 노숙자를 지나쳐 가면서 그의 눈을 친절하게 바라봤던 때를 기억한다. 그 존재 자체를 인정해 준 유일한 사람처럼 말이다. 노숙자는 내 남자 친구에게 이렇게 말했다.

"드디어 사람이 한 명 나타났군!"

다른 사람이 기뻐하면 대부분 당신에게 더 좋은 일로 더해진다. 중요한 것은 거기에 연연해 머물지 않는 것이다. 지나치면서 그저 무심한 듯 행동하면 될 뿐이다. 웃으면서 살면 긴장은 풀어지고 에너지는 상승한다. 당신의 에너지 수준을 높여 주는 모든 게 당신의 삶을 더 만족스럽게 채워 줄 것이다.

낯선 이들과 대화해 보자: 상급자를 위한 연습

낯선 이가 당신에게 말을 걸면 대답해 보자. 당연하게 들리는가?

하지만 그렇지 않은 경우가 더 많다. 이제 다른 사람이 건네는 말에 호기심을 가져 보자. 당신이 먼저 낯선 이에게 말을 건네도 보자. 당신이 만나는 모든 이에게도 말이다.

우리의 오래된 신체 기억은 두려움-경험들을, 용기-경험들로 바꿔 나갈 수 있다. 천천히 그 한계는 더 넓어질 것이다. 다른 사람들에게 다가가 도움을 주고받는 경험을 자주 할수록 당신의 한계는 한층 더 넓어져 간다. 심지어 재미있으며 성공적인 일들로 가득 찰 것이다. 오직 당신만이 성장시킬 수 있는 것들, 이 세상의 돈으로는 절대 살 수 없는 것들, 누구도 빼앗아 갈 수 없는 것을 키워 나가는 일이다. 바로 자신감과 신뢰감!

두려움은 나쁜 것, 뭔가 좋지 않은 일이 일어날 것에 대한 믿음에서 기인한다. 반면 신뢰는 인간과 삶의 좋은 것에 대한 믿음을 가져다준다. 더불어 나 자신의 좋은 것들에 대한 믿음이다. 어떤 일이 일어나도 분명히 헤쳐 나갈 거라는 자기에 대한 신뢰와 믿음. 그렇다. 다른 사람이 당신을 기만하고 당신의 신뢰를 악용할 때도 당신은 자신과 자신의 가치에 대해 의심하지 않는다. 이것으로 배움을 얻고 앞으로 더 정확하게 바라보게 될 테니까.

혼자인 사람은 없다. 인간은 사회적 동물이고 우리는 서로를 필요로 한다. 다른 사람에 대한 신뢰는 자신감에서 비롯된다. 자신감은 삶의 동력을 자유롭게 한다. 자기 자신 안에 깊이 자리매김해 있는 사람은 충만한 즐거움을 느낄 수 있다.

저마다의 방식으로
해석될 수 있는 이야기

이쯤에서 농구 매니저 홀거 게슈빈드너와 나눴던 이야기를
더 해 보자.

"라인홀트 메스너는 평범한 수준의 사람이었어요. 말을 잘하
는 사람은 아니었죠. 하지만 그는 처음으로 산소통 없이 에베레
스트 산을 정복하고 나서 호기심으로 가득 찬 이들 앞에서 경험
담을 들려줘야 했어요. 사실 그가 특별하게 뭔가를 들려준 건 없
었어요. 하지만 그게 그가 경험한 거예요. 횔덜린이나 릴케 같은
시인이라면 실제로 경험한 것들을 멋지게 표현할 수 있었겠죠.
그러나 그는 그럴 수 있는 사람이 아닌걸요. 그런데 오히려 그가
몇 마디 들려준 말들은 저마다의 방식으로 해석될 수 있는 이야
기가 되었어요. 중요한 것은 그가 정상에 올랐다는 거였어요. 그
저 불가능하게 보였던 게 가능한 것이 된 거예요. 어쩌면 우리도
'내가 지금껏 뭘 한 거지? 이제야 이 생각을 하다니, 미쳤어!'라고
말하게 될지도 몰라요. 새로운 의식으로 전환하는 상황이죠. 누
구에게나 이런 일은 가능하고요."

동시적 실재

1994년 내가 자란 곳에서는 본인이 처한 어려움은 전문가의 도움 없이 스스로 처리해야 했다. 그들을 찾는 사람들은 주로 멍청이였다.

동생이 죽은 뒤 얼마 지나지 않아 나는 심리치료사를 찾았다. 매우 큰 슬픔에 빠져 있던 나는 어느 날 숨을 쉴 수 없을 정도의 고통을 느꼈다. 손으로 아무것도 꽉 쥘 수 없었다. 심장은 요동쳤고 한동안 모든 몸의 근육이 완전히 마비되었다. 의사는 내게 심리 치료를 권했다. 나중에 알게 된 사실이지만 그건 쇼크였다.

정신과 의사와 마주했을 때 그녀는 흰색 가운을 입고 있었고 습관적인 질문들을 던졌다. 내 눈을 마주치지 않은 채 계속 차트를 보며 뭔가 메모하기에 바빴다. 나는 의사에게 모든 에너지를 뺏긴 평범하지 않은 내 상황들을 이야기했다. 그녀가 말했다.

"뇌에 어떤 이상이 없는지 뇌류를 측정해 봐야겠어요."

나는 이런 검사가 내게 도움이 되지 않을 것이란 걸 알았다. 결국 나는 뇌류 검사를 받지 않았다. 내게 어떤 이상이 있다고 판결되는 것이 두려웠기 때문이다.

너무도 차가운 이 의사 덕분에 나는 완전히 다른 치유를 찾았고 신체와 호흡함과 더불어 의식 작업의 세계로의 여행을 만났다. 이제는 살면서 겪은 어떤 부정적인 사건도 내 삶을 안전하게 만들고 나를 더 새롭게 만드는 방향키로 여길 수 있게 되었다.

조현병을 앓는 오빠를 둔 뇌 연구가 이야기

우리는 두려움과 걱정, 압박으로부터 자유를 선택할 수 있다. 누구나 갈망하는 것이기도 하다. 우리는 열심히 일해 왔고 모든 노력을 다해 왔다. 애를 쓰고 위험을 감당해 냈다. 아이가 생기고 집을 짓고 회사를 세우기도 했다. 전쟁에 나가고 은퇴를 기다리는 그 순환의 삶 동안 결국 우리가 바란 것은 풍요로움과 기쁨, 행복과 생존, 만족과 보상, 자유와 승리 그리고 목표를 이루는 것이었다. 조금 더 나은 세상을 만드는데 일조하고 자신의 이름을 역사에 남기겠다는 거창한 인생도 결국 평화와 기쁨을 느끼기 위해 한 행동들이었다.

이렇게 모든 인간이 바라는 의식 상태가 바로 지금 당신 앞에 놓여 있다. 사실 그것은 언제나 당신 발아래 놓여 있었다. 문제는

미안하지만 스트레스가 아니라

당신이 이것을 허락하느냐 여부다. 어느 때는 쉽게 허락하기도 할 것이다. 그렇게 익숙해지는 어느 날 지금과는 다른 삶이 존재한다는 것을 반드시 느끼게 될 것이다. 갈망했던 곳, 사랑하는 것 또는 사람과 자신을 결합하면 끝내 목표를 달성하게 되면 다른 존재의 상태로 건너갈 다리를 얻게 된다.

우리는 무언가를 얻기 위해 일하고, 일할 에너지를 충족하기 위해 휴가를 가고, 풍요롭고 가치 있는 삶을 살고자 아이를 가진다. 좋은 기분을 위해 케이크를 먹고 스트레스를 해소하고자 담배를 피운다. 이전까지 그 기분, 그 일들, 그 사람들, 활동들을 원했고 자신에게 필요하다고 여겨 왔다. 약 자체와 약이 우리에게 만들어 놓은 상태를 혼동해 왔다. 하지만 이런 즐거움이나 행복한 의식 상태는 늘 거기에 있었고 언제든 그 행복으로 들어갈 수 있었다. 어떤 것을 특히 강하게 느끼려고 무언가를 달성할 필요는 없었다.

조현병을 앓는 오빠를 둔 질 볼테 테일러는 자신의 오빠가 일반적으로 다른 사람들이 받아들이는 현실을 인지하지 못하는 이유를 이해하고 싶었다. 그녀는 그 일을 자신의 소임으로 여겼다. 뇌 연구가로서 그녀는 정상적인 사람들과 망상을 앓는 사람 사이의 생물학적 차이에 의문을 품었다. 중증 정신질환 연구에 그녀는 전력했다. 어느 날 청천벽력같이 일이 벌어지기 전까지는 말이다.

그녀의 뇌에도 문제가 생겼다. 놀라운 경험이었다. 그녀는 뇌의 좌반구 혈관이 터졌고 그 일로 한순간 좌반구의 일부가 작동하지 않을 때 어떤 일이 벌어지는지 본인의 몸을 통해 직접 관찰할 수 있게 되었다. 뇌혈관이 터진 날 걷고 말하는 능력이 순차적으로 사라지고 놀라울 정도로 조용해진 의식 상태로 그저 행복하게 있는 것 말고는 할 수 있는 게 없었다. 몸의 경계들은 희미해져 갔다. 모든 압박과 걱정들이 사라졌던 그 상태를 그녀는 '정적의 쾌감'으로 설명했다. 신체적 또는 정신적으로 완전히 회복되고 다시 교수로 복귀하는 데까지는 8년의 시간이 걸렸다.17

양쪽 뇌 반구들은 완전히 다를 뿐 아니라 호두처럼 분리되어 있다. 그저 신경조직을 통해 연결될 뿐이다. 질 볼트 테일러는 그녀를 유명하게 만들었던 〈TED〉에서 인간의 뇌를 양손에 들고는 이들이 완전히 서로 분리된 반쪽임을 아주 놀라운 방식으로 설명했다. 그녀에 따르면 우반구는 병행 프로세서처럼, 좌반구는 연속 프로세서처럼 기능한다. 이들은 뇌량을 통해 서로 의사소통할 수 있다. 각자 정보를 다룰 뿐만 아니라 다르게 생각하며 서로 다른 것들을 관리한다.

그녀는 이 두 개의 뇌를 서로 다른 인격이라고까지 표현했다. 우반구는 여기 그리고 지금에 관심이 있다. 그저 이 순간만이 중요하다. 그리고 오직 이 순간에 행복을 경험한다. 다른 사람이 어떨지 공감하고 이해하는 능력은 우반구에서 일어난다. 우반구는

미안하지만 스트레스가 아니라

그림으로 생각하고 몸의 움직임을 통해 배운다. 에너지 형태로 전달되는 정보들은 감각 체계로 흘러 들어가 바로 지금 이 순간 어떤 냄새를 풍기는지, 어떤 맛인지, 어떻게 느껴지는지 그리고 어떻게 들리는지를 담당한다.

이곳에서 인간은 본능적으로 새롭게 사고하고 그 순간이 내어놓은 것들에 즉흥적이고도 열린 자세를 취할 수 있게 된다. 우반구에서 우리는 주변의 에너지와 연결된 에너제틱(energetic)한 존재로서 자신을 경험하게 된다. 여기에는 시간이란 개념이 존재하지 않는다. 오직 정적만 있을 뿐이다. 완전히 정적인 의식 상태 말이다.

좌반구는 우반구와 매우 다르게 작동된다. 좌반구는 그 순간을 잡아내고 시간 순서로 배열한다. 과거, 현재 그리고 미래의 관념을 형성한다. 굉음 다음에 메아리가 울린다는 연역적 사고를 통해 자신과 세계에 대한 시작을 만들어 낸다. 좌반구는 세부적으로 하나하나 따져 드는 데 최고다. 우반구에서 전체적이었던 것이 좌반구에서는 작게 나뉘고 그러면 우리는 그것에 대해 말하고 토론할 수 있게 된다. 좌반구는 분석의 대가다.

좌반구는 몸·직업·소유물·명칭에 관해 정확하게 정의한다. 이곳에서 우리 전부에 대해, 메일을 하나 더 작성할지 말지 등에 관해 계속 생각하게 한다. '나는…'이란 생각도 좌반구에서 생겨난다.

물론 이건 매우 복잡한 내용을 단순화시켜 설명한 정도다. 학문적으로 보면 좌반구와 우반구의 기능들을 명확하게 딱 잘라 구분할 수 없다. 하지만 이것 하나는 분명하다.

양쪽의 뇌 반구는 함께 완벽한 환상을 만들어 낸다.
그리고 우리는 이를 현실이라 말한다.

질 볼테 테일러가 깨달은 바는 매우 흥미롭다. 이는 우리에게 무엇을 알게끔 해 줄까? 당신은 하나의 개별적인 '나'인 동시에 그렇지도 않기도 하다. 당신은 삶의 에너지를 가지고 있고 이 에너지가 당신이다. 분명 당신이 매일같이 무분별하게 낭비해 대고 있을 삶의 에너지 말이다.

당신은 양쪽의 관점을 동시다발적으로 받아들이지만 변화시킬 수도 있다. 주의를 기울여 어느 한쪽으로 더 크게 만들 수도 있다. 이 둘을 통해 당신은 세상을 받아들인다. 당신 자신을 매일 새롭게 발견하고 새로이 시작할 수 있다. 한편에서는 익숙해져 있는, 아주 제한된 시각으로 당신의 삶을 경험할 수 있다. 다음 순간 당신은 형언할 수 없는 자유와 광활함 속으로 들어간다. 모든 압박과 긴장이 사라져 버린다.

당신의 생각·감정·행동은 모두 그만의 효과를 가진다. 당신을 어지러운 일상에서 끄집어 올려 업고, 삶을 가볍게 통과해 나

미안하지만 스트레스가 아니라

갈 흐름 속에 내맡겨 줄 힘이 그들에게는 있다. 완전히 새로운 생각과 의식을 불러온다. 그렇게 찾아든 안전함과 연대감에 대한 경험은 당신 삶 안에서 변화의 기반이 되어 준다. 안전하다고 느끼는 자만이 내려놓을 수 있고 신뢰할 수 있다.

자신감도 얻게 된다. 왜냐하면 자신감은 그 세상에 속해 있다는 느낌에서부터 커져 나가기 때문이다. 이 힘은 모든 걸 해낸다!

협소하고도 제한적인

당신은 협소하고도 멋진 몸과 제한적이면서도 놀라운 이성을 갖고 있다. 관점을 바꿔 현실을 인지해라. 당신은 이미 너무나 멋지다! 늘 바랐던 것과 지금 당장 마주할 수 있다. 삶의 큰 사랑 무한함 그 자체가 당신이다.

순수한 에너지, 삶의 기쁨, 경쾌함, 힘, 행복이 모두 이 순간에 있다. 당신은 그것들을 느끼고 소유할 힘으로 가득 차 있다. 이 힘은 마음 깊은 곳에 자리해 있다. 무엇을 더할 것도 없다. 이 힘을 느끼기 위해 새로운 도구가 있을 필요도 없다. 어떤 교육도 어떤 전제도 필요하지 않다. 이 순간 아무런 기쁨도 홀가분함도 느끼지 못한다면 그 유일한 이유는 당신이 다른 곳에 완전히 정신이 팔렸기 때문이다.

당신은 지금 아주 제한된 시각으로 자신을 믿고 경험하고 있다. 두려움으로 가득한 생각들은 당신을 제한하고 무서운 삶으로 인도한다. 지금 당신 내면의 상태를 성의 내린다면 이미 당신은 그 상태에 끌려다니는 상황이 아니다. 어느 정도 거리를 두게 되었다는 말이다. 아주 좁았던 곳을 당신 자신과 경험한 것들 사이에 종이 한 장 들어갈 정도로 벌려 둔 것이다.

〔Mind-Shift 32〕
다음의 질문들을 거듭 반복해서 당신 자신에게 던지는 연습을 해 보자.

당신은 어디에 주의를 기울이고 있는가? 수다스러움 아니면 조용함? 좁음 아니면 넓음? 무거움 아니면 가벼움? 어두움 아니면 밝음?

자유로움의 방향으로 당신을 안내하자. 이런 맛이다.

미안하지만 스트레스가 아니라

죽일 게 아니야

당신의 성격은 유동적이다. 만나는 모든 사람이 당신에게 영향을 미친다. 당신이 듣는 모든 이야기, 당신이 읽는 모든 책, 이 모든 게 양분으로 당신을 끊임없이 형성하고 변화시킨다. 우리는 우리가 사용하는 아이폰이 아니다. 우리는 갈망이나 의심도 아니다. 우리는 우리 생각도 전혀 아니다. 우리는 이 모든 것 그 이상이다. 생각과 감정 그리고 몸은 매 순간 달라진다.

깊게 박혀 있던 어떤 생각이 짧은 순간에 확 바뀌는 것. 공황 상태가 한순간 없어지더니 더는 나타나지 않는 것. 신체의 자유 치유. 이런 기적들은 계속해서 이뤄지는 변화의 변칙에 의해서

라야 가능하다. 머리와 몸이 어떻게 함께 기능하는지 그 메커니즘을 이해한다면 당신의 자아는 더는 할 일이 없어진다. 당신의 새로운 삶 안에서는 자기 비하 혹은 과대평가의 목소리가 더는 없다.

물론 그렇게 쉽게 자아 집단에서 벗어날 수는 없다. 당신은 유일무이한 개별적 존재이며 몸과 이성에 더는 자신을 동일시하지 않는다고 할 때도 한동안은 유지 될 수밖에 없기 때문이다. 자아를 죽이는 건 불가능하다. 그러니 차라리 이를 변화시켜라. 더는 자아가 당신의 적이 아닌 당신의 믿음직한 동반자가 되게끔 노력해라. 자아를 훈련할 때 이완 · 공감 · 연대감 · 자신감을 활용하라. 그럴 때 자아가 집으로 돌아오게 되고, 편안해지며, 당신 자신에게 안착하게 된다. 당신의 몸 · 가슴 · 힘 안으로 말이다. 끝내 당신은 자신의 힘에 관한 깨달음들을 관점으로 변화하는 데, 생각을 달리하는 데, 새로운 생각을 선택하는 데 그리고 이러한 새로운 생각들을 당신의 몸속 새 삶과 진실들을 만들어 내는 감정들과 연결 짓는 데 활용하게 된다.

무엇이 당신의 가슴을
노래하게 하는가?

자신이 사랑하는 일을 하면 즐거움은 어떤 저항 없이 느낄 수 있다. 무엇을 하든 전혀 상관없다! 강변에 앉아 멋진 파도를 바라봐도 좋다. 파도 속으로 뛰어들어 수영해도 좋다. 늘 바라 왔던 것을 할 수 있는 기회를 마냥 기다리지 마라. 용감하게 한 발짝 내디디면 이 기회들은 찾아온다. 가슴이 노래 부르게 할 만한 일을 과감히 실행하면 말이다.

이건 당신에게 필요한 힘을 줄 것이다. 메마른 곳들과 어두운 밤을 헤쳐 나가기 위해서 필요한 그 힘을 말이다. 길은 늘 있다. 설령 그 길을 당신이 아직 보지 못했다 해도 당신은 당신 가슴으로 향하는 방향을 그리고 다음에 디딜 걸음을 감지하게 된다.

사랑하고, 사랑하고, 사랑하자.

〔**Mind-Shift 33**〕

즐거움은 아주 쉽게 행동으로 나타날 수 있다.

• 당신이 사랑하는 일들의 목록을 작성해 보자.

• 당신이 매일 하는 일들의 목록을 작성해 보자.

• 비교해 보자. 그리고 앞으로 해야 할 일이 무엇인지 결정하자.

당신이 사랑하는 일을 실천하는 것보다 중요한 것은 자신이 하는 바로 그 일을 사랑하는 것이다. 이성적으로 해 왔던 모든 일을 받아들이고 순간순간에 열광할 때 삶은 매일 완전히 새로워진다. 오늘 바라보고 느낀 모든 것을, 오늘 마주한 사람들을 결코 똑같이 마주하는 경험은 할 수 없다.

이런 개념은 '나도 다 알아!'라고 말하는 뇌로는 깨달을 수 없다. 한때 사랑한 사람 옆에서 깨어날 때 이성은 '이 남자 잘 아는 사람이지'라며 피곤하게 하품을 한다. 한때 너무도 매력적이고 흥미로웠던 남자는 이제 당신의 사고 안에서 무자비하게 추락해 버렸다. 목욕 후의 상쾌함에도 '나는 벌써 알지', 출근할 때의 기분도 '나는 벌써 알지', 그 사람에 대해서도 '나는 벌써 알지'라고 인

미안하지만 스트레스가 아니라

지하며 하루하루 얻는 것 없이 그저 그렇게 지나 버린다. 적당한 그렇지만 전혀 즐겁지 않은 일상 속을 헤엄치며 말이다. 삶의 이런 관점이야말로 자신을 옴짝달싹하지 못하는 기분을 심어 준다.

나의 변기 위생을 위해서

위협을 도전으로 바꿀 수 있다면 하고 싶지 않았던 일도 사랑하는 일로 바꿀 수 있다. '나는 벌써 알아!'라는 사고방식에서 비롯된 관점을 진정한 열광으로 바꾼다면 말이다. 달갑지 않은 일을 새로운 내적 판단 과정을 통해 하나의 운동으로 바꿀 수 있었던—1장에서 언급한 청소부처럼—당신도 자신이 하는 모든 일을 새롭고 흥미롭게 바꿀 수 있다.

이런 관점은 우리의 건강·신체·안녕 그리고 에너지 수준에까지 영향을 미친다. 헌신적으로 화장실을 청소할 수도 있고 도로 정체 속에서도, 아이들이 빽빽 울어 대는 상황에서도 즐길 수 있다. 이렇든 저렇든 당신이 접하는 모든 일을 즐거운 연습으로 바꿔 나갈 수 있다. 그저 '나의 삶을 사랑해'라는 관점으로 바꾸기만 하면 된다. 당신의 삶을 사랑하는 그 순간 깊게 호흡하게 되고 웃게 되며 삶의 에너지에 전율을 느끼게 된다. 이를 실행으로 옮기면 된다. 연습을 하자. 나 자신의 삶을 위해서!

나는 나의 변기 위생을 위해서 화장실을 청소하는 동안만큼은 오로지 호흡에 집중한다. 이 일을 좋게 생각하고 끝내고 나면 그 뒤에 메일을 작성하는 것도 훨씬 더 쉽게 다가온다. 어차피 청소하는 동안에는 메일을 작성하지 못한다. 여러 일을 동시에 할 수 있는 사람은 없다. 당신은 두 가지 일을 동시에 해낼 수 없다. 정신적으로 그저 아주 재빠르게 이것저것 여기저기 옮겨 다닐 뿐이다.

오직 지금 내가 하는 이 일을 온전히 받아들이면서 한동안 자신의 호흡에 머무는 연습을 아주 멋지게 할 수 있을 뿐이다. 그것에는 어떤 저항도 없다. 집중력을 연습하며 불편했던 감정을 1분 안에 자신을 통과해 나가게 내버려 둘 수 있도록 하면 그만이다.

〔Mind-Shift 34〕

계속해서 하는 일 중에서 그다지 하고 싶지 않은 어떤 일 하나를 골라 보자. 그리고 그 일을 사랑하는 일로 바꿔 보자.

미안하지만 스트레스가 아니라

일상생활에서 자신이 전혀 좋아하지 않은 어떤 상황을 생각해 보자. 그다음 이것을 다른 경험으로 바꿔 보자. 만족스러울 뿐 아니라 편안하게 경험할 수 있게 해 줄 새로운 관점을 골라 보는 거다. 오늘은 기쁨과 사랑 그리고 자신이 존재하는 그 자유로움이 가득한 아름다운 날이다. 지금까지의 이성은 이렇게 하루를 바라보는 연습을 하지 못했다.

삶이 다채롭고 이례적이며 흥미롭고 멋진 날들이 될지 아닐지는 오직 자신의 결정이자 본인의 연습에 달려 있다. 세상을 멈추고 숨을 쉰 다음 본연의 힘으로 돌아가자. 도망가지 마라. 다른 곳에 생각을 두지 마라. 주의를 돌리지 마라. 여기가 당신의 삶이다. 이 순간 더 나아질 건 없다. 적어도 지금은 아니다. 물론 누구도 강요하지 않는다. 당신의 자유로운 결정이다. 오로지 당신을 위해 하는 거다. 당신을 내맡기고 즐겨라.

거 봐, 또다시 모든 걸 잘 해냈지?

'나는 내 삶을 사랑해!' 멋진 문장이다. 그렇지 않은가? 당신에게 해당되지 않는다면 자신을 일상에서 끌어올린 힘 있는 다른 문장을 찾아보자.

나를 힘 있게 만들어 준 문장을 만난 곳은 어느 피자 가게였다. 어느 날 친구들과 카프리섬에서 휴가를 보낼 때였다. 보트를 타고 섬에 도착해 들어간 가게에서 먹은 피자는 지금까지 먹은 그 어떤 피자와도 견줄 수 없었다. 나는 피자가 너무 맛있어서 친구들에게 소리를 지를 정도였다.

"거 봐, 내가 또다시 모든 걸 잘 해냈지?"

그 휴가를 계획한 것도 그 가게에 들어가 피자를 주문한 것도 나였기 때문이었다. 나도 모르게 으스대며 지른 이 한마디는 즉시 즐거움을 일으켰고 휴가지로 오는 동안 있었던 크고 작은 불편함들까지 모조리 잊게 만들었다. 그날 이후 이 문장은 나의 러닝 개그(running gag)가 되었고 내 삶에 꼭 필요한 에너지를 주는 문장으로 남았다. 이 문장은 모든 불편한 상황들 속에서도 엄청난 만족감을 넣어 주곤 했다. 지하철을 놓치고 미팅에 늦었을 때에도 예기치 않게 주어진 이 짧은 휴식 시간을 즐기며 좋은 의미

미안하지만 스트레스가 아니라

에서 이렇게 생각했다.

'또다시 모든 걸 잘 해냈어!'

이건 즉시 다른 관점으로 현상을 바라보게 해 줬고 나의 이성은 그 상황이 가진 좋은 점들에 대한 근거를 바로 찾아내 줬다.

'내 아이디어를 보여 줄 적당한 시간이 아니야.'

'적당한 협력자가 아니야.'

'가능한 다른 어떤 게 더 있는지 찾아봐야겠어.'

한편으로는 정말 모든 게 잘될 때도 이 문장을 사용했다. 그럼 특히 더 즐거울 수 있었다. 어떤 관점으로 자신의 삶을 바라볼지는 각자의 결정에 달렸다.

〔**Mind-Shift 35**〕

어떤 상황에서든 햇빛이 비추는 방향으로 자신을 바로 보내 줄 수 있는 자신만의 문장을 찾아보자. 그리고 이를 일상에서 활용해 보자. 아주 좋은 때에 그 문장을 놓아 보자. 나라면 "내가 또다시 모든 걸 잘 해냈네!"라고 말할 것이다.

당신이 항상
가지고 다니는 악기

당신의 존재 더 깊은 곳에 즐거움이 자리하도록 해 보자. 저 깊은 곳에서 우러나오는 기쁨을 마지막으로 느껴 본 적이 언제였는지 기억하는가? 즐거움은 당신이 항상 가지고 다니는 악기와도 같다. 이유가 필요한가? 즐거움을 허락하는 것은 우리 몫이다. 우리는 늘 자신과 함께한다. 다시 생각해 보자. 마지막으로 진심으로 엄청나게 기뻐한 때는 언제였는가? 주변 상황이 좋았는가? 당신은 당신을 열고 기쁨을 허락했는가? 기억하는가? 당신은 어디에 있었는가? 어떤 기분이었는가? 몸에서 어떤 기분을 느꼈는가?

어떤 장소를, 어떤 사람을 혹은 어떤 무언가를 갈망하지 말고 오직 여기 그리고 당신의 몸 안에서 춤추도록 감정을 허락하자. 지금 바로 이곳으로 그 기쁨과 행복의 느낌을 가져오자. 당신은 지금 기쁨의 소리를 연주하기 시작했다. 기억을 활용하자. 머릿속에 있는 그림 혹은 자신 안에서 감정이 춤추고 그 감정이 온몸으로 퍼져 나가게 하자. 지금 지구 반대편에 있다 해도 당신이 느꼈던 기쁨은 다시 불러들일 수 있다. 세포 속에서 전율하는 진동에 주의를 기울이고 깊게 호흡해 보자. 그 행복했던 날의 감정을

미안하지만 스트레스가 아니라

지금 여기에 가져와 맞춰 보자. 세포 속에서 느껴 보자. 이것들을 매일 새롭게 연습하자. 단조롭고 어수선한 일상 속에서 에너지를 들어 올려 더 높이 쏘아 올리자.

그리고 제발, 노력하지 말자!
이를 악물지 말고 지독하게는 애쓰지 말기로 하자.

길들지 않은 영혼

아직 하나 더 있다. 생각·감정·몸 외에도 당신과 연결된 것, 당신을 이 모든 것과 연결 짓는 것, 동시에 당신을 모든 것으로부터 완전히 분리하는 것, 당신의 혈관을 통해 흘러 다니며 당신이 살아가도록 하는 힘, 두려움 반대편에서 한때 당신을 당신 자신으로부터 떨어뜨려 놓았던 모든 것이 보이고 지각되면 당신은 이 힘을 당신 안에서 강하게 느끼게 된다.

이건 창의적인 창조력이자 침묵 그 자체이기도 하다. 바로 길들지 않은 영혼, 이는 당신이 만들어진 본성이자 근본적인 힘이다. 또한 당신으로부터 실현되길 바라는 삶의 기쁨이다. 끝없이 많은, 보이지 않는 탯줄로 당신은 연결되어 있다. 모든 나무와 사람과 꽃 등 살아 숨 쉬는, 한때 존재했거나 존재할 모든 것이 이 연결의 한 부분을 구성하고 있다.

길들지 않은 영혼은 순수한 당신 그 자체이며 자신의 가장 깊은 내면의 진실이다. 이 영혼은 자유롭고 대담하다. 어떤 두려움이든 감당해 내려고 할 때, 거추장스러운 패턴을 떨쳐 버리려고 할 때 그리고 완전히 당신 자신이 되는 것을 전적으로 신뢰할 때 이 영혼은 그 모습을 드러낸다. 이것은 당신의 본성이고 색깔이며 이 세상에 존재하는 당신 자신만의 불꽃이다. 당신의 가슴이 노래하면 이 영혼은 당신을 적절한 시기에 올바른 장소로 이끌어 준다. 그럼 당신은 자신의 본성과 더불어 당신 주변의 본성들과 함께 조화 속에서 살아가게 되고 사랑하게 된다.

이 세상을 당신이 어깨에 짊어지고 가야 한다고 믿으면 당신은 지쳐 쓰러지고 더는 해낼 수 없을 때까지 내버려 두는 것밖에 되지 않는다. 당신이 생각해 낼 수 있는 모든 경험을 하도록 허락하고 그 어떤 평가도 하지 말라. 당신은 그 본성 그 자체다. 성별은 없다. 남성적인 것들과 여성적인 것들 모두가 그 안에서 통합될 뿐이다. 강한 것과 약한 것도 마찬가지다. 이 흐름에 저항하거나 연결고리를 끊거나 적어도 그러려고 노력하다면 당신에게 좋은 건 없다. 오히려 더 힘만 들 뿐이다.

미안하지만 스트레스가 아니라

공공연히 억누르고 세상에 나 혼자라는 것을 당신 자신에게 증명하는 데 자신의 모든 힘과 에너지를 써 대니 힘들 수밖에 없다. 길들지 않은 영혼은 머리가 아니라 가슴에서 나온다. 이 영혼과 함께 당신은 마구 지껄여지는 생각으로 가득한 짙은 안개를 뚫고 자신의 진실과 마주하게 된다. 호흡 안에서, 바람에 흔들거리는 낙엽 소리 안에서, 조용히 흘러가는 물소리 안에서, 휘몰아지는 거친 바람 속에서 그 진실을 마주하게 된다.

당신의 길들여지지 않은 영혼은 당신이 늘 갈망했던 것들이다. 모든 것에서 자유롭게 벗어난 상태. 이 영혼은 당신의 눈 속에서 그리고 모든 곳에서 빛을 발한다. 이 영혼은 급할 게 없다. 오직 지금 이 순간에만 존재하는 영원함이 이 영혼에게는 있다. 눈을 감고 조용히 당신의 호흡에 귀를 기울여 보자. 당신의 삶의 에너지가 당신 안에서 흘러 다니는 것을 허용하자.

당신이 이 모든 것 안에서 더 온전하길 바란다. 본성과 더불어 삶과 조화를 이루기를 바란다. 당신의 주의 집중이 이미 사랑이다. 현재 당신의 주의를 어떤 장소나 사람, 호흡과 삶에 전적으로 기울이는 것. 그저 거침없이 사랑해 보라. 당신을 모든 것을!

당신은 사랑한다. 당신은 당신을 위해 사랑한다. 당신이 사는 도시의 냄새까지도! 냄새를 맡고 맛을 보고 느끼며 몸을 자극하는 충동들을 따라가 보자. 매일 웃어 보자. 당신 자신의 마음속 깊은 진실을 믿어 보자. 길은 늘 있다. 아직 그 길을 보지 못했다

해도 다음으로 옮길 걸음은 알아채게 된다.

나는 이 책의 마지막 부분에서 내가 가장 사랑하는 마지막 마인드 쉬프트를 당신에게 선물하고 싶다.

〔**Mind-Shift 36**〕

그냥 거침없이 사랑하자!

지금 그것부터 시작하자!

자, 이제 우리는 여기 다시 서 있다. 절벽 끝. 눈앞에 보이는 거라곤 끝없이 펼쳐진 맑고 푸른 하늘뿐. 확실한 것은 아무것도 없다. 익숙한 것을 모두 뒤로한 채 한 발짝 나아가는 것. 아니면 지금껏 잘 알고 있던 곳으로 되돌아가는 것뿐이다. 사람들은 완전한 자유로움과 삶에 대한 진정한 기쁨이 어떤 기분인지 한 번쯤 느껴 보고 싶었다. 완벽한 무중력 상태와 황홀감, 충만한 에너지에 힘입어 지금의 나를 한 단계 넘어서는 것!

이제 당신은 이곳 위에 서 있다. 시간이 되었다. 바로 지금 당신 차례다!

익숙한 것들을 뒤로하고 새로운 곳으로 나아갈 때마다 느껴지던 그 간질간질함, 이건 두려움일까? 아니다. 두려움은 아니다. 이것은 용기이며 기대로 가득한 설렘이다. 그렇다. 지금 황홀한 기분이 느껴진다. 탄탄한 삶에 대한 기대. 말로는 설명할 수 없는 이 짜릿한 기분을 당신은 온몸으로 느끼고 있다. 당신이 아는 거라곤 지금 앞으로 한 발 내디디면 이제 더는 붙잡을 곳이 없다는 것이다. 당신은 당신의 가슴을 따라갈 것이다. 이제 통제를 내려놓는다. 어차피 한 번도 가지지 못했던 거다. 취소는 없다. 이 삶에서 당신이 어떤 모습을 갖출 수 있을지 알게 될 것이다.

두 팔을 벌리고 부드럽게 당신의 피부를 쓰다듬는 바람을 당신은 느끼고 있다. 심장이 벌렁거리고 몸이 떨린다. 얼굴 위로 햇살이 내리비친다. 발로 모래들을 비벼 대고는 발걸음을 옮긴다. 그리고 이내 당신은 뛰어내렸다. 당신은 삶의 에너지를 이제 느낄 수 있다. 당신의 정맥들 안에서 펌프질이 시작되었다. 시커멓게 더러운 불순물들이 작은 입자들로 바뀐다. 유유히 흘러간다. 삶의 흐름, 존재의 흐름, 특별한 두드림, 당신을 향한 바람.

그렇다. 당신은 할 수 있다. 당신은 날고 있다.

1. McGonigal, Kelly: The Upside of Stress, Penguin Random House LLC., 2016, Introduction. pp. xxi.

2. Crum, Alia J., Salovey, Peter, Achor, Shawn: Rethinking stress. The role of mindsets in determining the stress response. Journal of Personality and Social Psychology, Vol 104(4), Apr 2013, pp. 716-733.

3. Crum, A. & Lyddy, C.: De-Stressing Stress. The Power of Mindsets and the Art of Stressing Mindfully, 2014, pp. 948-963.

4. Crum, Alia J., and Ellen J. Langer: Mind-set matters: Exercise and the placebo effect. Psychological Science 18, 2007. no. 2: pp. 165-171.

5. Jamieson, Jeremy P., Mendes, Wendy and Nock, Matthew: Improving Acute Stress Response - The Power of reappraisal. Current Directions in Psychological Science. (2013). 22. pp. 51-56.

6. Keller, Abiola et al.: Does the Perception that Stress Affects Health Matter? The Association with Heath and Mortality, Health Psychology, 2012, Sep; 31(5): pp. 677-684. McGonigal, Kelly (TED Global 2013년 6월 11일): Wie man Stress zu seinem Freund macht.

7. Jamieson, Jeremy P., Mendes, Wendy and Nock, Matthew: Mind over Matter. Reappraising Arousal Improves Cardiovascular and Cognitive Responses to Stress, J Exp Psychol Gen. 2012 Aug; 141(3): pp. 417-422.

8. Huther, Gerald: Etwas mehr Hirn, bitte, V&R Verlag, pp. 108 ff.

9. Taylor, Shelley E. et al.: Biobehavioral responses to stress in females:

Tend-and-befriend, not fight-or-flight. Psychological Review, Vol 107(3), Jul 2000, pp. 411-429.

10. Pascual-Leone, Alvaro, Amedi, Amir, Fregni, Felipe and Merabet, Lotfi B.: The Plastic Human Brain Cortex, Annu. Rev. Neurosci. 2005. 28: pp. 377-401.

11. Berceli, David: Neurogenes Zittern, Ein Korperorientierte Behandlungsmethode fur Traumata in großen Bevolkerungsgruppen. Traumata und Gewalt, 4. 2/2010. Berceli, David: "...dem Korper zu erlauben, sich laufend selbst zu heilen", Psychotherapie im Dialog 2/2006.

12. Holt-Lunstad, Julianne, et al.: Loneliness and Social Isolation as Risk Factors for Mortality: A Meta-Analytic Review. Perspectives on Psychological Science, 2015/3.

13. Petticrew, Mark P., and Kelley, Lee: The "Father of Stress" Meets "Big Tobacco": Hans Selye and the Tobacco Industry. American Journal of Public Health 101. 3(2011): pp. 411-418. PMC. Web. 2018년 3월 25일.

14. Reminiscences of Hans Selye and the Birth of "Stress", Stress Medicine Vol. 14, pp. 1-6, 1998.

15. Klitschko, Wladmir: Challenge Management. Was Sie als Manager vom Spitzensportler lernen konnen, Campus Verlag, pp. 31f.

16. Plattel-Deuer, Tilke: The Art of Integrative Therapy. Healing the Past on a Soul Level, Design Pavoni Verlag.

17. Jill Bolte Taylor, Ph.D.: My Stroke of Insight. A brain scientist's personal Journey. Hodder & Stoughton. 2009. pp. 30ff.

• Berceli, David: Shake It Off Naturally. Reduce Stress, Anxiety, and Tension with (TRE), CreateSpace, 2015.

• Byron Katie: Lieben was ist. Wie vier Fragen Ihr Leben verandern konnen, Arkana Verlag, 2002.

• Damasio, Antonio: Descartes' Irrtum. Fuhlen, Denken und das menschliche Gehirn, List Verlag, 2004.

• Eagleman, David: The Brain. Die Geschichte von dir. Pantheon Verlag, 2017.

• Holzel, Britta, und Brahler, Christine: Achtsamkeit mitten im Leben, O.W. Barth Verlag, 2015.

• Huther, Gerald: Etwas mehr Hirn, bitte, V&R Verlag, 2015.

• Kabat-Zinn, Jon: Gesund durch Meditation. Das große Buch der Selbstheilung mit MBSR, Knaur Verlag, 2013.

• Klitschko, Wladmir: Challenge Management. Was Sie als Manager vom Spitzensportler lernen konnen, Campus Verlag, 2017.

• Kornfield, Jack: Das weise Herz. Die universellen Prinzipien buddhistischer Psychologie, Arkana Verlag, 2008.

• Levine, Peter A.: Trauma-Heilung. Das Erwachsen des Tigers, Synthesis Verlag, 1999.

• Levine, Peter A.: Vom Trauma befreien, Kosel Verlag, 2011.

McGonigal, Kelly: Glucksfaktor Stress. Warum Stress uns erfolgreich und gesund macht, Trias Verlag, 2018.

• Plattel-Deuer, Tilke: Die Kunst der integrativen Atemtherapie. Ein Buch, um das Leben von Therapeuten zu erleichtern und ihre Klienten zu inspirieren, Design Pavoni Verlag, 2009.

• Shaw, Julia: Das trugerische Gedachtnis, Heyne Verlag, 2018.

• Singer, Tania, und Ricard, Matthieu: Mitgefuhl in der Wirtschaft, Knaus Verlag, 2015.

• Thich Nhat Hanh: Ich pflanze ein Lacheln, Goldmann Verlag, 2007.

• Tolle, Eckhart: Jetzt! Die Kraft der Gegenwart, J. Kamphausen Verlag, 2010.

• Van der Kolk, Bessel: Verkorperter Schrecken, G.P. Probst Verlag, 2017.

미안하지만
스트레스가 아니라
겁이 난 겁니다

초판 1쇄 인쇄 2019년 5월 14일
초판 1쇄 발행 2019년 5월 21일

지은이   베아타 코리오트
옮긴이   이은미
발행인   김승호
펴낸곳   스노우폭스북스

편집인   서진
편집진행   이병철

마케팅 총괄 김정현
마케팅   이민우
영업   이동진

디자인   강희연

주소   경기도 파주시 회동길 37-9
대표번호   031-927-9965
팩스   070-7589-0721
전자우편   edit@sfbooks.co.kr
출판신고   2015년 8월 7일 제406-2015-000159

ISBN 979-11-88331-63-5 (03190)